· 入职数据分析师系列 ·

对比Excel，轻松学习
Python
统计分析

张俊红 著

电子工业出版社
Publishing House of Electronics Industry
北京·BEIJING

内 容 简 介

本书是"对比 Excel"的第 4 本书，全书依旧突出对比学习的特点，通过对比 Excel 的方式来讲解如何利用 Python 学习统计学知识，即统计分析。

本书是"对比 Excel"之前 3 本书的延续，同时也是数据分析师技能树的扩展。本书的主线是围绕统计学的理论知识展开的，层层递进，依次为描述性分析、概率和概率分布、抽样推断与参数估计、假设检验、方差分析、卡方分析、回归模型、相关性分析、时间序列。每个理论知识又由核心的 3 个部分组成：该理论知识在数据分析中的应用、理论知识讲解、Excel 和 Python 工具的实现，让大家学完本书以后既学到了理论知识，也知道如何将理论知识在数据分析中应用，还知道如何用 Excel 和 Python 去实现。

未经许可，不得以任何方式复制或抄袭本书之部分或全部内容。
版权所有，侵权必究。

图书在版编目（CIP）数据

对比 Excel，轻松学习 Python 统计分析 / 张俊红著. —北京：电子工业出版社，2023.1
（入职数据分析师系列）
ISBN 978-7-121-44754-9

Ⅰ．①对… Ⅱ．①张… Ⅲ．①统计分析－应用软件 Ⅳ．①C819

中国版本图书馆 CIP 数据核字（2022）第 244741 号

责任编辑：张慧敏
印　　刷：天津千鹤文化传播有限公司
装　　订：天津千鹤文化传播有限公司
出版发行：电子工业出版社
　　　　　北京市海淀区万寿路 173 信箱　邮编：100036
开　　本：720×1000　1/16　印张：12.75　字数：245 千字
版　　次：2023 年 1 月第 1 版
印　　次：2023 年 3 月第 2 次印刷
定　　价：89.00 元

凡所购买电子工业出版社图书有缺损问题，请向购买书店调换。若书店售缺，请与本社发行部联系，联系及邮购电话：（010）88254888，88258888。
质量投诉请发邮件至 zlts@phei.com.cn，盗版侵权举报请发邮件至 dbqq@phei.com.cn。
本书咨询联系方式：（010）51260888-819，faq@phei.com.cn。

前言

为什么要写作本书

相比 Excel、Python 这些数据分析工具，统计学算是数据分析师需要学的第一门比较偏理论的学科内容。目前市面上关于统计学的图书主要有如下特点。

- 偏理论型的图书，更多的是学校教材，而很多分析师又非科班出身，读起来会相对晦涩难懂；
- 偏科普型的图书，更多的是讲解生活中的一些统计学应用，和数据分析工作不直接相关。

综合身边分析师的反馈及笔者本人的一些经验发现，目前大部分分析师比较需要的图书是既能够通俗易懂地讲解理论内容，又能够介绍这些理论内容是如何被应用到数据分析工作中的，并利用 Excel 和 Python 数据分析工具来实现这些内容。

目前市面上还没有这样的书，而笔者又有一些学习经验。笔者曾经在网上更新统计学系列知识，读者普遍反映比较通俗易懂，再加上对比学习方法，降低了 Python 代码的学习门槛，于是，就有了《对比 Excel，轻松学习 Python 统计分析》这本书。

为什么要学习统计学

如果大家平常有关注数据分析师的招聘要求，会注意到，大部分招聘信息都会要求熟悉统计学，很多面试官也会问统计学相关的知识。这是因为随着数据分析专业性的提高，分析师的工作内容需要大量的理论作为支撑，而统计学就是被用得最多的理论，所以我们需要学习统计学。

本书写了什么

本书的主线是围绕统计学的理论知识展开的，层层递进，依次为描述性分析、概率和概率分布、抽样推断与参数估计、假设检验、方差分析、卡方分析、回归模型、相关性分析、时间序列。每个理论知识又由核心的 3 个部分组成：该理论知识在数据分析中的应用、理论知识讲解、Excel 和 Python 工具的实现，让大家学完本书以后既学到了理论知识，也知道如何将理论知识在数据分析工作中应用，还知道如何用 Excel 和 Python 去实现。

本书学习建议

学习本书的主要目的是为了解决实际工作中的问题，所以关于理论知识部分，重点是要理解，而关于工具实现部分，和学习大多数工具一样，只有多练习，才能熟练掌握。

本书读者对象

- 已经从事数据分析工作的读者，想要学习统计学相关知识提高自身专业能力；
- 应届毕业生及想要转行成为数据分析师的读者，需要为面试做准备；
- 产品及运营人员，希望对统计学知识有所了解，方便和数据分析师进行沟通。

本书说明

为了避免内容的重复，关于 Python 的安装及 Python 基础知识，本书不会涉及，如果想要学习，可以阅读笔者的另一本书《对比 Excel，轻松学习 Python 数据分析》。

关于本书用到的数据及代码资源，可以关注笔者的个人公众号——俊红的数据分析之路（ID：zhangjunhong0428），回复关键词"统计学"获取。

作　者

目录

第1章 认识统计学 /1

- 1.1 统计学是什么 1
- 1.2 统计学和数据分析有什么关系 1
- 1.3 Python统计学和统计学有什么区别 2

第2章 描述性分析 /3

- 2.1 描述性分析在数据分析中的应用场景 3
- 2.2 数据类型 3
- 2.3 数据整理与展示 3
  - 2.3.1 分类型数据的整理与展示 4
  - 2.3.2 数值型数据的整理与展示 7
- 2.4 概括性分析 17
  - 2.4.1 集中趋势指标 18
  - 2.4.2 离散程度指标 23
  - 2.4.3 分布情况指标 25
- 2.5 其他容易混淆的概念 28
  - 2.5.1 平均值与期望 28
  - 2.5.2 比例和比率 30
  - 2.5.3 百分比和百分点 31

第3章 概率和概率分布 /33

- 3.1 概率和概率分布在数据分析中的应用场景 33
- 3.2 常见概念 33
  - 3.2.1 什么是随机事件 33
  - 3.2.2 什么是随机变量 34
  - 3.2.3 什么是概率 34

3.3 离散型随机变量概率分布 36
3.3.1 概率分布表与概率分布图 36
3.3.2 累积分布函数与百分点函数 37
3.3.3 期望与方差 37
3.3.4 常见离散型概率分布 38
3.4 连续型随机变量概率分布 46
3.4.1 概率密度与累积分布 46
3.4.2 期望与方差 50
3.4.3 常见连续型概率分布 50

第4章 抽样推断与参数估计 / 65

4.1 抽样推断与参数估计在数据分析中的应用场景 65
4.2 抽样的基本概念 65
4.2.1 总体和样本 65
4.2.2 常用统计量 66
4.3 常用的抽样方式 66
4.3.1 简单随机抽样 67
4.3.2 分层抽样 67
4.4 为什么样本可以代表总体 68
4.4.1 中心极限定理 68
4.4.2 大数定理 70
4.5 参数估计的基本方法 71
4.5.1 点估计 71
4.5.2 区间估计 72
4.6 区间估计的类型 72
4.6.1 一个总体参数的区间估计 72
4.6.2 两个总体参数的区间估计 80

第5章 假设检验 / 88

5.1 假设检验在数据分析中的应用场景 88
5.2 假设检验基本思想 88
5.3 假设检验中常见的两种错误 90
5.4 显著性水平和功效 90
5.5 假设检验的基本步骤 91

5.6 一个总体参数的检验 94
5.6.1 总体均值的检验 94
5.6.2 总体比例的检验 98
5.6.3 总体方差的检验 99
5.7 两个总体参数的检验 101
5.7.1 两个总体均值之差的检验 101
5.7.2 两个总体比例之差的检验 106
5.7.3 两个总体方差比的检验 107
5.8 假设检验中最小样本量的确定 109
5.9 A/B 测试的完整流程 111

第 6 章 方差分析 / 113

6.1 方差分析在数据分析中的应用场景 113
6.2 方差分析的 3 个假设 113
6.3 正态性检验方法 113
6.3.1 直方图检验 113
6.3.2 Q-Q 图检验 114
6.3.3 KS 检验 114
6.3.4 AD 检验 115
6.3.5 W 检验 116
6.3.6 非正态数据转换 116
6.4 方差齐性检验方法 118
6.4.1 方差比检验 118
6.4.2 Hartley 检验 118
6.4.3 Bartlett 检验 119
6.4.4 Levene 检验 119
6.5 方差分析的基本步骤 120
6.6 方差分析的多重比较 125
6.6.1 LSD 多重比较法 125
6.6.2 Sidak 多重比较法 127
6.6.3 Bonferroni 多重比较法 128
6.7 多因素方差分析 129
6.7.1 无交互作用的多因素方差分析 129
6.7.2 有交互作用的多因素方差分析 134

第 7 章　卡方分析　/140

7.1　卡方分析在数据分析中的应用场景 140
7.2　理论讲解 140
7.3　Excel 与 Python 实现 142

第 8 章　回归模型　/144

8.1　回归模型在数据分析中的应用场景 144
8.2　一元线性回归 144
　　8.2.1　一元线性回归方程形式 144
　　8.2.2　最小二乘参数估计法 145
　　8.2.3　拟合程度判断 147
　　8.2.4　显著性检验 147
　　8.2.5　Excel 与 Python 实现 149
8.3　多元线性回归 151
　　8.3.1　多元线性回归方程形式 151
　　8.3.2　最小二乘参数估计法 151
　　8.3.3　拟合程度判断 151
　　8.3.4　显著性检验 152
　　8.3.5　多重共线性 153
　　8.3.6　Excel 与 Python 实现 153
8.4　协方差分析 155
　　8.4.1　理论讲解 155
　　8.4.2　Excel 与 Python 实现 157

第 9 章　相关性分析　/159

9.1　相关性分析在数据分析中的应用场景 159
9.2　相关系数的种类 159
　　9.2.1　皮尔逊相关系数 159
　　9.2.2　斯皮尔曼相关系数 162
　　9.2.3　肯德尔相关系数 162
　　9.2.4　Excel 与 Python 实现 163
9.3　相关与因果 164

第 10 章　时间序列　/165

- 10.1　时间序列在数据分析中的应用场景 165
- 10.2　平稳时间序列预测 165
  - 10.2.1　简单平均法 166
  - 10.2.2　移动平均法 167
  - 10.2.3　指数平滑法 169
- 10.3　时间序列预测模型 172
  - 10.3.1　AR 模型 172
  - 10.3.2　MA 模型 174
  - 10.3.3　ARMA 模型 175
  - 10.3.4　ARIMA 模型 176
- 10.4　时间序列分解预测 177
- 10.5　趋势时间序列预测 187
  - 10.5.1　线性趋势预测 187
  - 10.5.2　指数趋势预测 189
  - 10.5.3　对数趋势预测 191

第 1 章
认识统计学

1.1 统计学是什么

作为一本统计学图书,我们首先介绍一下统计学是什么?关于统计学的起源及比较偏学术方面的概念,有很多优秀的行业专家解读过,这里不再赘述。下面主要从实用角度谈谈笔者个人对统计学的理解。

"统计学"中的这个"学"字可以理解成学科,统计学就是关于统计的一门学科。那"统计"又是什么呢?"统计"这个词在日常生活中经常听到,比如,统计你过去一个月花了多少钱……统计就是对某一现象或者某一特定事项进行整理汇总的工作。

整理汇总不是随意汇总,需要按照一定的规则或逻辑进行整理和汇总,我们把研究如何对特定事项进行整理汇总的学科叫作统计学。

一般统计工作主要包含对特定事项(研究对象)的数据进行收集、整理、分析、展示等,所以统计学就是研究如何做这些具体工作的学科。

1.2 统计学和数据分析有什么关系

作为一名数据分析师或者是一名想要从事数据分析工作的读者,应该都了解过做数据分析要学习统计学,那数据分析和统计学到底有什么关系呢?又会在数据分析的哪些工作中用到哪些统计学知识呢?

统计学大体可以分为两个部分:一部分是描述统计学;另一部分是推断统计学。

描述统计学主要对数据现状进行描述性分析。比如,昨天的销量是多少;近一个月每天的销量是什么水平;一天中销量最多/最少是哪个时间段;一周中天与天之间的销量差别大不大……这些都是分析师经常被问到的问题,这些问题的背后其实就涉及描述统计学中的均值、最值、标准差等概念。

推断统计学是根据样本数据及相应的分布情况对总体数据进行估计和检验的。比如，想要知道平台用户对某项产品改动的满意度如何，就可以从总体用户中随机抽取部分用户进行调研，得到部分的调研结果以后去推断总体用户对这项功能的满意度情况。这里，如何抽样能保证足够随机，以及拿到样本数据以后如何推测总体用户的数据等都需要用到统计学知识。再比如，现在业务部门想要上线一个新的策略，从总体用户中随机挑选了部分用户并分成两组，其中一组上线新策略，另一组保持老策略，要判断新策略对用户的表现有没有影响，那应该如何去判断有没有影响，以及影响有多大，也需要用到统计学知识。

数据分析是通过对数据进行整理分析，发现数据背后的业务问题，帮助业务部门进行快速迭代。在对数据进行整理分析时，不是对数据进行简单的加减乘除运算，而是需要掌握一定的工具和理论，在这些理论框架的指导下对数据进行分析，统计学就是应用比较多的一种理论。

1.3　Python 统计学和统计学有什么区别

Python 统计学是用 Python 这个工具去实现统计学的相关内容。统计学本身的内容和用什么工具是没有关系的，比如，假设检验，用 Python 或者 Excel 都可以实现，不管用什么工具，都不会影响假设检验本身的内容和流程。只不过，现在互联网时代，需要处理的数据量级比较大，用 Excel 处理起来会比较费劲，所以我们需要借助类似 Python 的编程工具。

为了避免内容的重复，本书中并未涉及关于 Python 基础的内容，如果你之前没有学过 Python，建议先学习笔者的另一本书《对比 Excel，轻松学习 Python 数据分析》。如果主要是为了学习统计学知识或者平常主要是利用 Excel 进行分析的，那么也可以直接学习本书。

第 2 章 描述性分析

2.1 描述性分析在数据分析中的应用场景

描述性分析是对原始数据进行初步的整理和归纳，以达到对数据现状进行描述的目的。比如，对销量明细表进行整理汇总得到每日销量情况趋势；再比如，对销量明细表进行整理汇总得到不同用户之间消费额的分散情况。

2.2 数据类型

数据是我们统计的对象，可以根据数据的取值类型将数据分为数值型数据和分类型数据。

数值型数据就是数据的取值为数值类型，比如年龄、工资收入、商品价格等数据。

分类型数据就是数据的取值为类别型，比如性别、学历等数据。

分类型数据中又可以根据各类别之间是否存在先后顺序关系分为顺序型数据和非顺序型数据。比如，性别这个分类型数据中的男和女不存在顺序关系，而学历这个分类型数据中的高中、本科、研究生存在顺序关系。

2.3 数据整理与展示

我们在实际业务中拿到的原始数据基本都是明细数据，我们要对这些明细数据进行归纳统计，最后进行展示。

因为不同类型数据的展示方式不一样，所以在进行整理展示之前需要先确认数据的类型。

2.3.1 分类型数据的整理与展示

理论讲解

关于分类型数据,我们一般是想要知道不同类别各自的数量情况,以及该类别对应的数量在整体数据中的占比情况。比如,我们想知道全校学生中男生有多少人,女生有多少人,以及男女生分别在全校学生中的占比是多少。

要表示不同类别各自的数量情况,需要引入频数的概念,频数是指某个取值或某个分组在全部数据中出现的次数。

表 2-1 所示为学生性别明细表,现在要对性别这个分类型数据进行整理,想要知道不同性别的学生个数。

表 2-1

学　号	性　别
E001	男
E002	女
E003	男
E004	男
E005	男
E006	女
E007	男
E008	男
E009	女
E010	女
E011	男
E012	男
E013	女
E014	男
E015	女
E016	男

我们可以直接用表格的形式进行展示,也可以用图表的形式进行展示。在使用图表对分类型数据进行展示时,一般都会使用柱状图或饼图。

Excel 实现

在 Excel 中要知道不同性别的学生个数情况,可以通过数据透视表的形式来实现,将"性别"拖到"行"区域、"学号"拖到"值"区域,并对"学号"进行计数,就可得到不同性别的学生个数情况了,具体如图 2-1 所示。

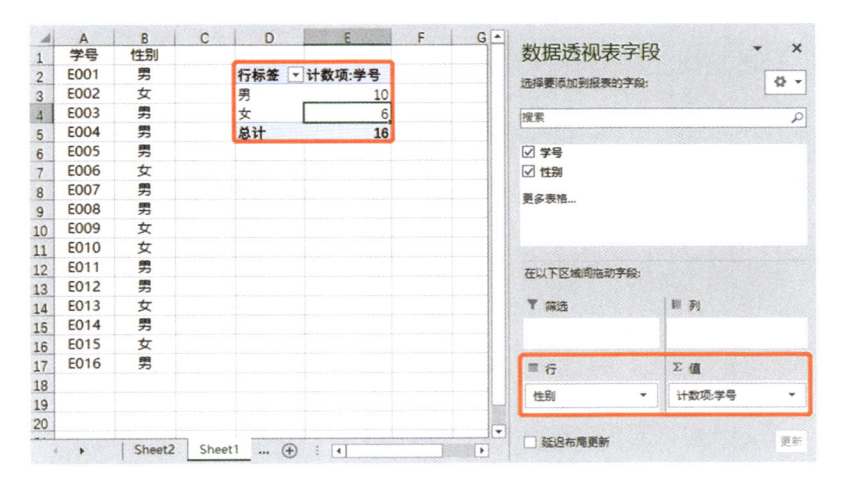

图 2-1

如果想要将数据透视表中得到的结果用图表的形式展示，则只需要用鼠标选中数据透视表区域，然后在功能区切换到"插入"选项卡，在"图表"区中单击需要的图表类型图标，就可以完成图表的制作。具体效果如图 2-2 所示。

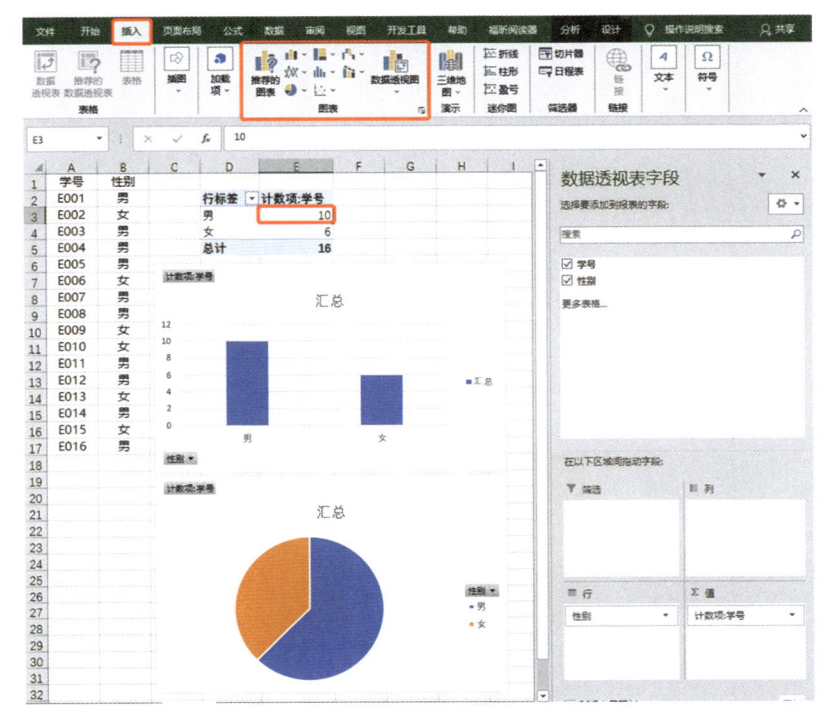

图 2-2

Python 实现

在 Python 中,我们首先将明细数据和所需要的包导入进来,具体实现代码如下。

```python
import pandas as pd
%matplotlib inline
import matplotlib.pyplot as plt
plt.rcParams["font.sans-serif"]='SimHei'#解决中文乱码
plt.rcParams['axes.unicode_minus'] = False#解决负号无法正常显示的问题

df = pd.read_excel(r'D:\Data-Science\share\excel-python统计学\第2章\2.2学生性别明细.xlsx')
df
```

导入以后,就可以对数据进行整理,先通过如下代码得到不同性别的学生个数情况。

```python
df.groupby('性别')['学号'].count()
```

运行上面代码会得到如下结果。

```
性别
女      6
男     10
Name: 学号, dtype: int64
```

接下来,针对上面得到的结果进行图表可视化,首先绘制柱状图,具体实现代码如下。

```python
df.groupby('性别')['学号'].count().plot(kind = 'bar')
```

运行上面代码会得到如图 2-3 所示结果。

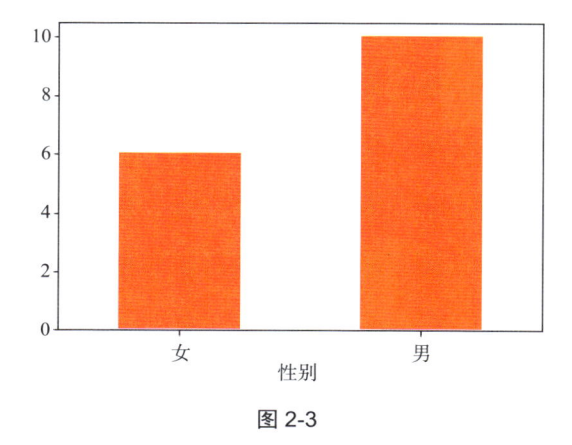

图 2-3

再绘制饼图，具体实现代码如下。

```
df.groupby('性别')['学号'].count().plot(kind = 'pie')
```

运行上面代码会得到如图2-4所示结果。

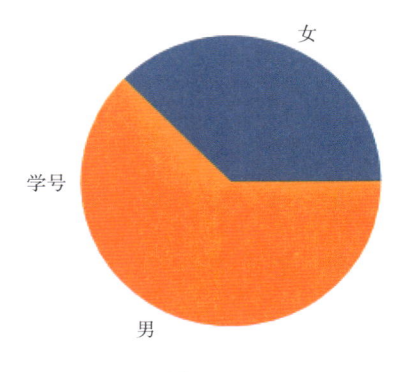

图 2-4

2.3.2 数值型数据的整理与展示

理论讲解

对于数值型数据，我们一般都会将其转化为分类型数据，这样便于直接观测数据的特征，具体转化方法就是对数值型数据进行分组，不同组就相当于分类型数据中不同的类。把数值型数据转换成分类型数据以后，会通过频数分布表、频数分布直方图、频率分布直方图的形式对数据进行整理与展示。

接下来就介绍一下怎么对数值型数据进行分组，一般采用组距分组的方式。组距分组的具体步骤如下。

Step1：确认分组数据，根据实际需要，确认要将所有的数据分成几个组。

Step2：确认组距，所谓的组距就是一个组上下限之间的距离，也就是一个组中最大值与最小值之间的差，具体公式如下。

$$组距 = \frac{最大值 - 最小值}{组数}$$

通过上面的公式计算出每个组的组距是相等的。我们也可以不通过公式计算，直接人工指定组距的大小。

Step3：根据确认好的组距和组数，对数据进行分组。

在对数据进行分组时，需要保证一个数值只能被分在一个组内，且每一个数值都有其所属的分组。

表2-2所示为一个30名学生的身高明细表，现在要对其进行分组。

表 2-2

学　号	身　高
E001	130
E002	138
E003	151
E004	142
E005	137
E006	149
E007	155
E008	154
E009	159
E010	145
E011	199
E012	186
E013	133
E014	194
E015	133
E016	152
E017	180
E018	165
E019	200
E020	155
E021	165
E022	156
E023	189
E024	199
E025	154
E026	164
E027	170
E028	187
E029	176
E030	174

假设要把所有数据分成 5 组，身高明细表中最大值为 200，最小值为 130，根据组距公式计算出组距为 14，对应的分组如下。

```
[130,144), [144,158), [158,172), [172,186), [286,200]
```

对于身高来讲，组距为 14 不利于统计，所以我们决定把组距自定义为 10。要确保每一个数值都有其所属的分组，分组数就需要调整成 7，对应的分组如下。

```
[130,140), [140,150), [150,160), [160,170), [170,180), [180,190), [190,200)
```

确定好分组且把每一个数值都分到对应的分组以后，就可以创建频数分布表了。频数分布用来反映每个值或每个分组在全部数据中出现的次数分布情况。频数分布表的具体形式如表 2-3 所示。

表 2-3

分 组	频 数	频 率
[130,140)	5	16.67%
[140,150)	3	10.00%
[150,160)	8	26.67%
[160,170)	3	10.00%
[170,180)	3	10.00%
[180,190)	4	13.33%
[190,200)	4	13.33%

前面介绍过，频数是指某个取值或某个分组在全部数据中出现的次数，而频率是用频数除全部数据出现的次数，用来反映该组在全部数据中的占比情况。

有了频数分布表以后，就可以制作频数分布直方图了，结果如图 2-5 所示。

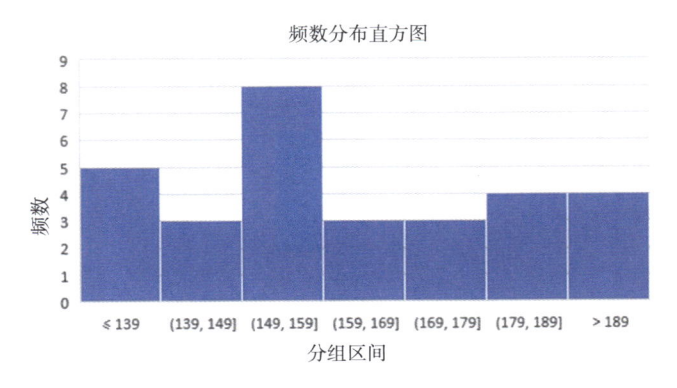

图 2-5

频数分布直方图的横轴表示分组区间，纵轴表示频数。与频数分布直方图类似的还有频率分布直方图，频率分布直方图的纵轴不是频率，而是频率/组距，这样直方图的面积就是该分组的频率了，具体公式如下。

$$长方形面积 = 横轴 \times 纵轴 = 组距 \times \frac{频率}{组距} = 频率$$

这也是直方图与柱状图的区别，柱状图的面积是没有意义的。

Excel 实现

在 Excel 中对数据进行分组，最简单的方法就是使用多层 IF 函数嵌套，在 C2 单元格中输入下述公式并按下 Enter 键，然后向下拖曳填充公式，这样就可以得到每位学生所属的分组，如图 2-6 所示。

```
=IF(B2<140,"[130,140)"
    ,IF(B2<150,"[140,150)"
    ,IF(B2<160,"[150,160)"
    ,IF(B2<170,"[160,170)"
    ,IF(B2<180,"[170,180)"
    ,IF(B2<190,"[180,190)","[190,200]"))))))
```

图 2-6

在得到分组以后，可以通过数据透视表来得到不同分组的频数分布，如图 2-7 所示。

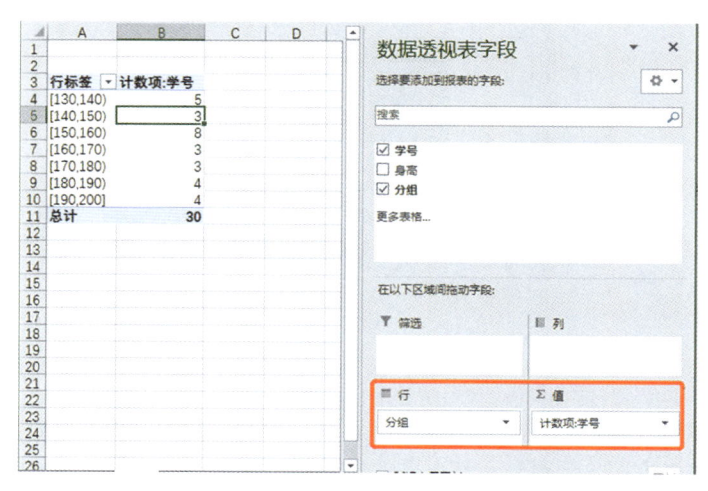

图 2-7

上面的 IF 函数嵌套太烦琐了，如果我们只是想要得到不同分组的频数分布情况，则可以直接使用 FREQUENCY 函数，而不需要对数据进行分组以后再进行数据透视表操作，该函数形式如下。

```
= FREQUENCY(data_array,bins_array)
```

- data_array 表示要进行统计的数据区域，也就是“身高”列；
- bins_array 表示要将身高分成若干组的具体分界值。

可能你还是没太理解这个函数该怎么用，直接来看实例就知道了。

首先，用鼠标选中要展示频数的区域，即 H2:H8 单元格区域，如图 2-8 所示。

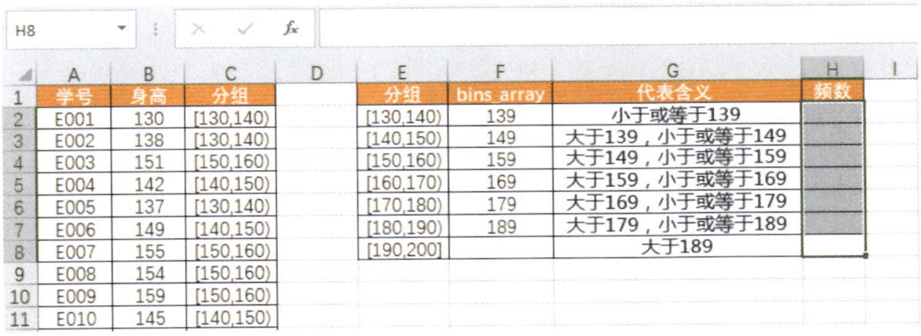

H8

	A	B	C	D	E	F	G	H
1	学号	身高	分组		分组	bins_array	代表含义	频数
2	E001	130	[130,140)		[130,140)	139	小于或等于139	
3	E002	138	[130,140)		[140,150)	149	大于139，小于或等于149	
4	E003	151	[150,160)		[150,160)	159	大于149，小于或等于159	
5	E004	142	[140,150)		[160,170)	169	大于159，小于或等于169	
6	E005	137	[130,140)		[170,180)	179	大于169，小于或等于179	
7	E006	149	[140,150)		[180,190)	189	大于179，小于或等于189	
8	E007	155	[150,160)		[190,200]		大于189	
9	E008	154	[150,160)					
10	E009	159	[150,160)					
11	E010	145	[140,150)					

图 2-8

然后，在公式编辑栏中输入公式“=FREQUENCY($B$2:$B$31,$F$2:$F$7)”，如图 2-9 所示。

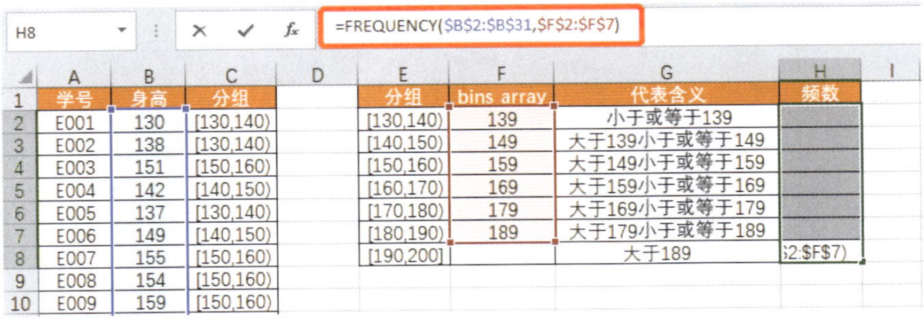

H8　=FREQUENCY($B$2:$B$31,$F$2:$F$7)

	A	B	C	D	E	F	G	H
1	学号	身高	分组		分组	bins_array	代表含义	频数
2	E001	130	[130,140)		[130,140)	139	小于或等于139	
3	E002	138	[130,140)		[140,150)	149	大于139小于或等于149	
4	E003	151	[150,160)		[150,160)	159	大于149小于或等于159	
5	E004	142	[140,150)		[160,170)	169	大于159小于或等于169	
6	E005	137	[130,140)		[170,180)	179	大于169小于或等于179	
7	E006	149	[140,150)		[180,190)	189	大于179小于或等于189	
8	E007	155	[150,160)		[190,200]		大于189	;2:$F$7)
9	E008	154	[150,160)					
10	E009	159	[150,160)					

图 2-9

公式输入完成以后按下 Ctrl+Shift+Enter 组合键，就可以得到各个分组的频数结果值，如图 2-10 所示。

这是不是比先用 IF 函数进行分组，然后做数据透视表简单多了？回过头来，再介绍一下 FREQUENCY 函数，可以看到我们的 bins_array 只有 6 个值，但是却返回了 7 个分组的结果，这是因为我们给 bins_array 传入的值就是分组的中间分界值，而不包含边界值，具体如图 2-11 所示。

图 2-10

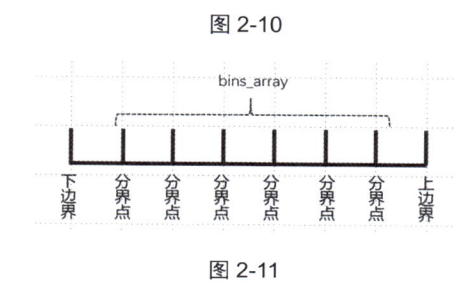

图 2-11

学会了如何制作频数分布表以后，我们再来看看如何制作频数分布直方图，在 Excel 中制作直方图也比较简单，直接选中"身高"列，然后将功能区切换到"插入"选项卡，在"图表"区选择直方图即可，具体如图 2-12 所示。

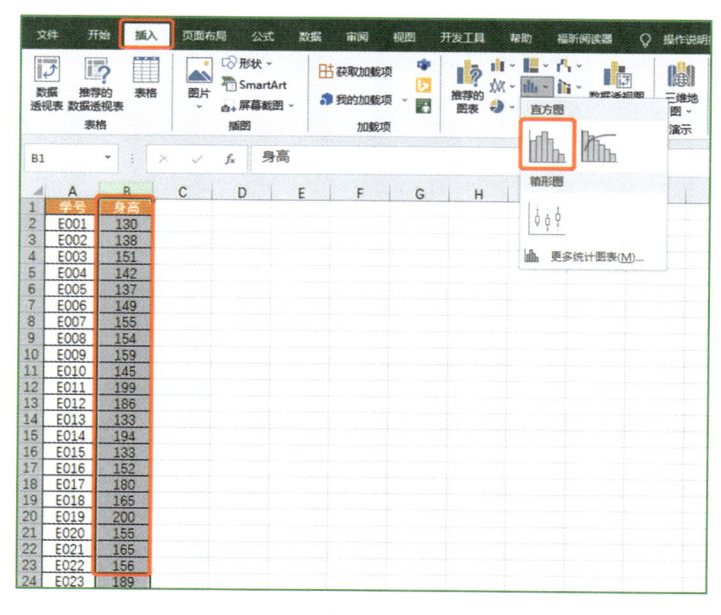

图 2-12

第 2 章 描述性分析

通过上面的操作会得到如图 2-13 所示结果，默认将身高数据分成了 3 组，很明显这不是我们想要的，接下来要对这个结果进行设置，以达到我们想要的结果。

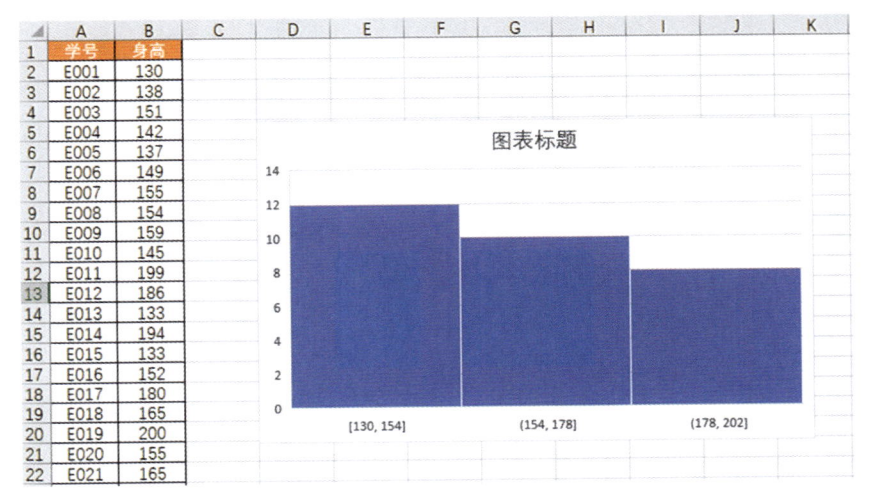

图 2-13

首先，选中横坐标，鼠标右击，在弹出的快捷菜单中选择"设置坐标轴格式"命令，就可以看到右边的设置坐标轴格式面板，默认的箱宽度是 24、箱数是 3。箱宽度就是我们前面介绍过的组距，箱数就是分组数，如图 2-14 所示。

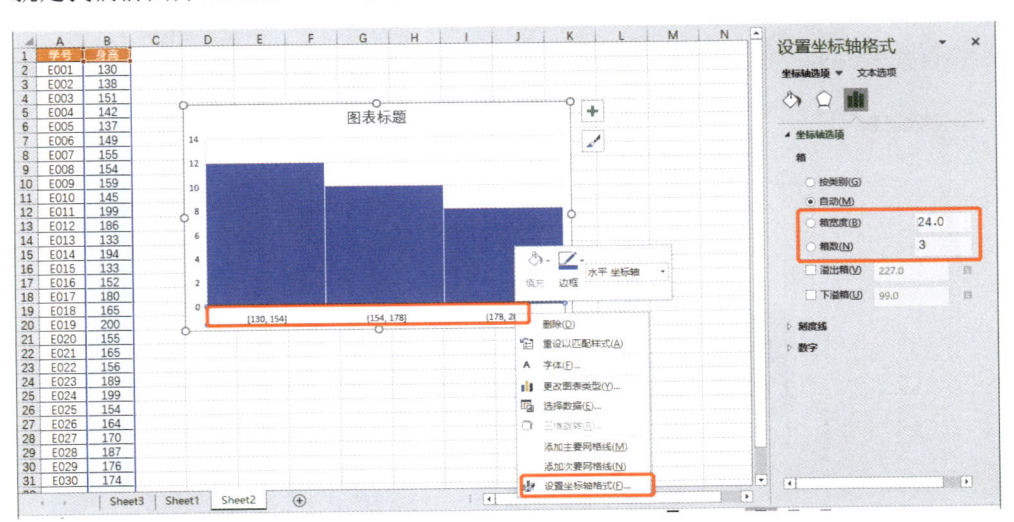

图 2-14

我们将箱宽度设置为 10，箱数就会自动变成 7，此时的直方图如图 2-15 所示，和我们想要的看起来差不多了，但还差一点，我们的分组基本都是左闭右开的，而图 2-15 中的分组则是左开右闭的。

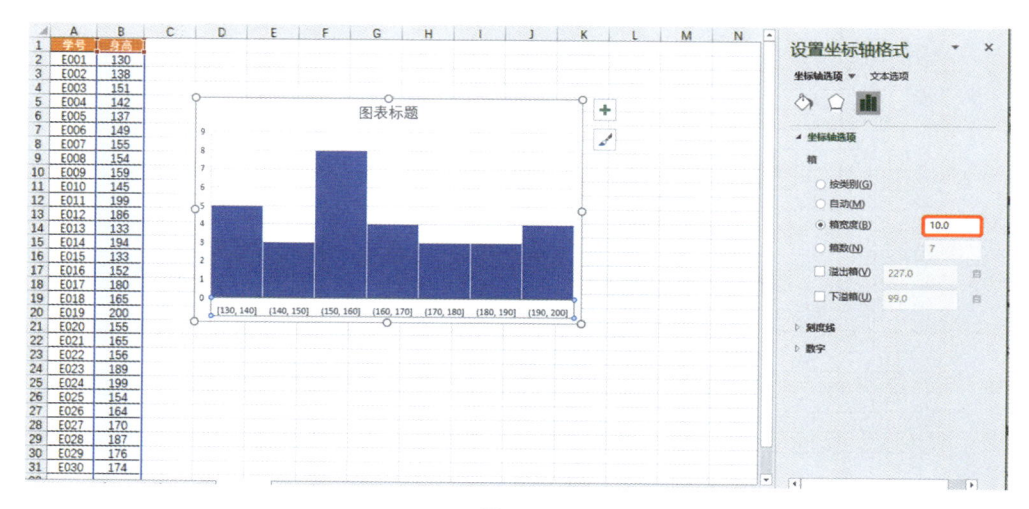

图 2-15

要想达到我们想要的效果，就需要通过设置溢出箱和下溢箱两个选项。那这两个箱分别表示什么意思呢？你可以理解成是正边界和负边界，就是把大于溢出箱的全部值都归为一类，把小于下溢箱的全部值归为一类。我们这里把溢出箱设置为 189，下溢箱设置为 139，最后得到如图 2-16 所示结果。

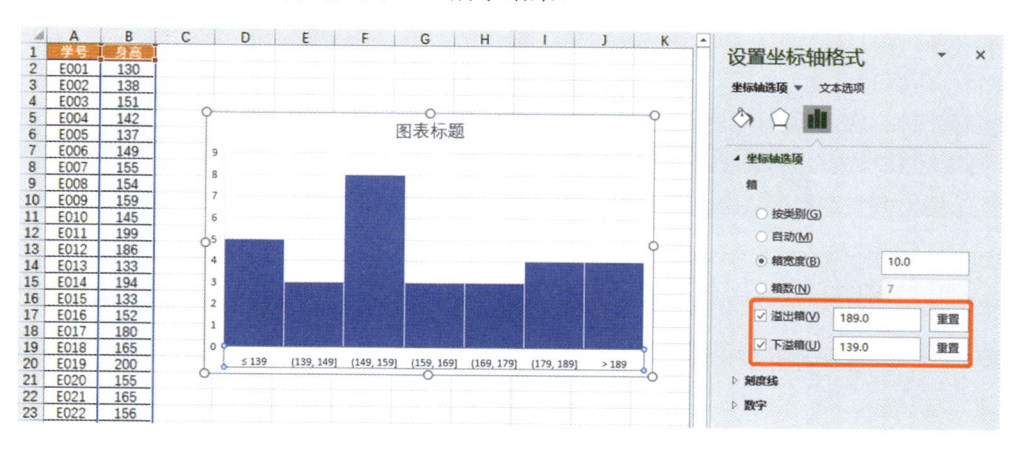

图 2-16

虽然最终直方图的分组结果和我们原本定的分组显示结果不完全一致，但是代表的含义是一样的，如表 2-4 所示为原始分组和直方图分组的对照结果。

表 2-4

原始分组	直方图分组
[130,140)	<=139
[140,150)	(139,149]
[150,160)	(149,159]
[160,170)	(159,169]
[170,180)	(169,179]
[180,190)	(179,189]
[190,200]	>189

Python 实现

在 Python 中，我们同样需要先将身高的明细数据导入进来，具体实现代码如下。

```
df = pd.read_excel(r'D:\Data-Science\share\excel-python 统计学\第 2 章\2.2 学生身高明细.xlsx')
df
```

导入以后就可以对身高进行分组了，在 Python 中要对数据进行分组可以利用 cut 函数，具体实现代码如下。

```
pd.cut(df['身高'],bins = [129,139,149,159,169,179,189,200])
```

bins 后面的列表表示各分组的分界点，运行上面代码会得到如下分组。

```
(129, 139] < (139, 149] < (149, 159] < (159, 169] < (169, 179] < (179, 189] < (189, 200]
```

cut 函数得到的分组结果默认是左开右闭的，如果想要得到左闭右开的分组结果，则可以设置 right 参数，具体实现代码如下。

```
pd.cut(df['身高'],bins = [130,140,150,160,170,180,190,201],right = False)
```

运行上面代码会得到如下分组。

```
[130, 140) < [140, 150) < [150, 160) < [160, 170) < [170, 180) < [180, 190) < [190, 201)
```

上面两种方式得到的分组看上去不一样，但分组内包含的数据是一样的，用任意一种都可以。

我们需要先将上面得到的这一列分组结果插入表 df 中，具体实现代码如下。

```
df['分组'] = pd.cut(df['身高'],bins = [129,139,149,159,169,179,189,200])
df
```

接下来就可以针对上面的数据进行分组聚合，得到各组的频数分布表，具体实现代码如下。

```
df.groupby('分组')['学号'].count()
```

运行上面代码得到如下结果。

```
分组
(129, 139]    5
(139, 149]    3
(149, 159]    8
(159, 169]    3
(169, 179]    3
(179, 189]    4
(189, 200]    4
Name: 学号, dtype: int64
```

频数分布表得到以后，接下来就可以绘制频数分布直方图和频率分布直方图了，本书中绘制统计相关的图表主要会借助 seaborn 库。

绘制频数分布直方图的具体实现代码如下。

```
import seaborn as sns
sns.histplot(df['身高'],bins = 7,color = '#FF6100')
```

bins 表示分组数，运行上面代码会得到如图 2-17 所示结果。

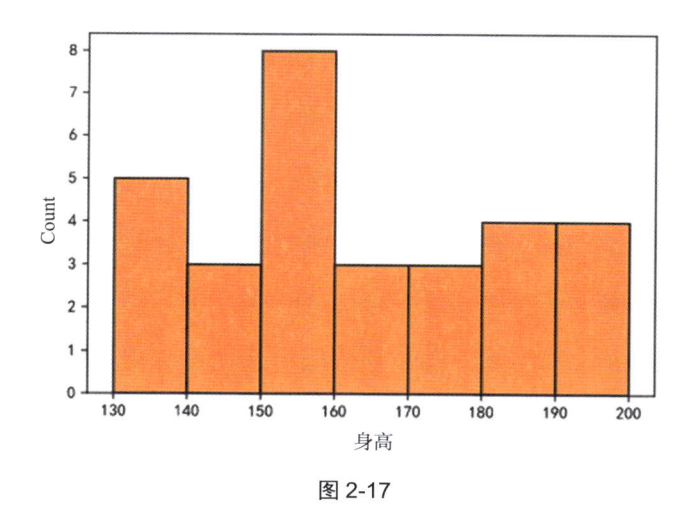

图 2-17

绘制频率分布直方图与频数分布直方图的函数是一样的，只需要调整参数取值即可，具体实现代码如下。

```
sns.histplot(df['身高'],bins = 7,stat = 'density',color = '#FF6100')
```

参数 stat 的默认参数值是'count'，表示频数分布直方图，默认值可以省略不写。

当参数值为'density'时，就表示频率分布直方图。运行上面代码会得到如图 2-18 所示结果。

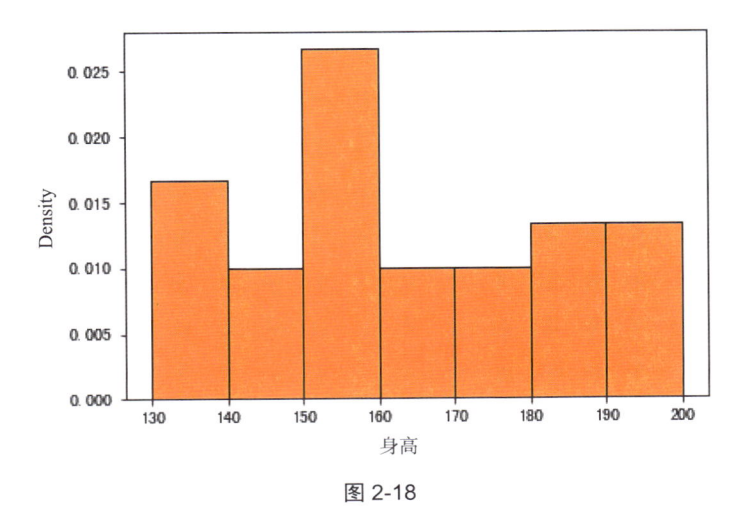

图 2-18

再次注意，频率分布直方图的纵坐标为该分组的频率除组距，表 2-5 所示为频率分布直方图中各个分组的纵坐标值。

表 2-5

分　　组	频　　数	频　　率	纵坐标值
[130,140)	5	16.67%	0.01667
[140,150)	3	10.00%	0.01000
[150,160)	8	26.67%	0.02667
[160,170)	3	10.00%	0.01000
[170,180)	3	10.00%	0.01000
[180,190)	4	13.33%	0.01333
[190,200]	4	13.33%	0.01333

2.4 概括性分析

2.3 节图表的展现形式能够让我们清楚地知道数据的分布是什么样的。分布能够告诉我们身高在 140～150cm 之间的有多少人，这部分人的占比是什么样的；身高在 150～160cm 之间的又有多少人，占比又是什么样的。但分布没法告诉我们关于身高这份数据的整体情况，我们把用来说明数据整体情况的这种分析称为概括性分析。

2.4.1 集中趋势指标

理论讲解

集中趋势指标用来反映某一数据所达到的一般水平，常用该指标代表整体水平。集中趋势指标有平均值、中位数、众数 3 种。

表 2-6 所示为某公司其中 10 位员工的月工资情况。

表 2-6

员　　工	工资（元）
E001	12274
E002	14558
E003	13566
E004	7531
E005	18000
E006	8749
E007	8136
E008	16537
E009	9269
E010	35000

可以看到，每位员工的工资都不一样，那如果我们现在要对工资进行重新分配，保证每位员工的工资都是一样的，那调整后的每位员工的工资应该是多少呢？只需要把所有员工目前的工资加起来，然后除以员工个数，就可以得到调整后的每位员工的工资了。这种将所有数据进行相加以后再除以数据总个数得到的值就是平均值。

如图 2-19 所示，将每个员工的工资绘制成柱状图，横线代表平均值，可以看到大部分员工的工资是小于或等于平均值的，之所以出现这种情况，是因为员工 E010 的工资过高，拉高了整体的平均值。

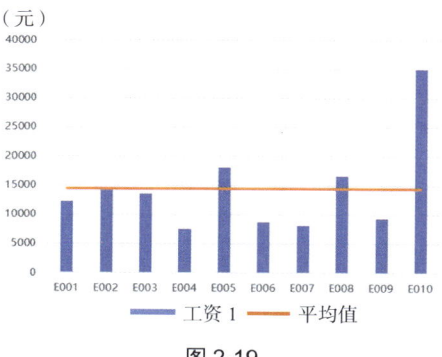

图 2-19

平均值的一个弊端就是容易受到异常值的影响，为了避免受到异常值的影响，同时又能反映数据的整体分布情况，所以我们引入中位数指标。

中位数是将所有数据按照从小到大的顺序排列，处于中间位置的数值就是中位数。因为处于中间位置，就意味着有一半的数据大于该值，一半的数据小于该值，所以可以用这样的中等水平来表示整体数据的一般水平。

有的读者可能会问，总数据个数是奇数个数时，有中间位置的数，比如，总数据个数是 11 个，中间位置的数就是第 6 个。但是总数据个数是偶数个数时，没有中间位置的数，应该怎么办？对于总数据个数为偶数个数的这种情况，我们取中间位置的两个数的平均值，比如，总数据个数还是 10 个，那么就是第 5 个和第 6 个数的平均值作为中位数值。

当总数据个数 n 为奇数时，中位数值为：

$$中位数 = x_{\frac{n+1}{2}}$$

当总数据个数 n 为偶数时，中位数值为：

$$中位数 = \frac{1}{2}\left(x_{\frac{n}{2}} + x_{\frac{n}{2}+1}\right)$$

与中位数类似的指标还有四分位数和十分位数，中位数是将所有数据分成两份，而四分位数是将所有数据分成 4 份，十分位数是将所有数据分成 10 份。

中位数、四分位数、十分位数都需要先对数据进行从小到大的排序，再对其进行划分。

四分位数是通过 1/4 分位数、2/4 分位数、3/4 分位数这 3 个值将所有数据分成 4 份。十分位数是通过 1/10 分位数、2/10 分位数……8/10 分位数、9/10 分位数这 9 个值将所有数据分成 10 份。图 2-20 所示为四分位数示意图。

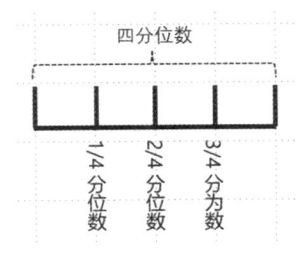

图 2-20

关于集中趋势的最后一个指标是众数，众数就是众多的数，即大多数，是全部数据中最普遍的值，因此也可以用来代表一般水平。需要注意的是，众数只有在数据个数足够多时才有意义。

Excel 实现

在 Excel 中求取平均值，需要用到 AVERAGE 函数，该函数形式如下。

= AVERAGE(number1,number2,…)

- number1,number2 表示待求平均值的具体数据。

如图 2-21 所示，在 C14 单元格中输入"=AVERAGE(C3:C12)"，按下 Enter 键，就可以得到所有员工工资的平均值。

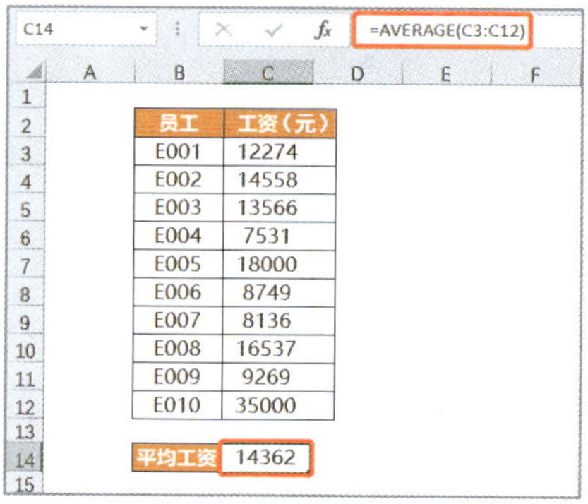

图 2-21

在 Excel 中求取中位数，需要用到 MEDIAN 函数，该函数形式如下。

= MEDIAN(number1,number2,number3,…)

- number1,number2,number3 表示待求取中位数的值。

如图 2-22 所示，在 C14 单元格中输入"=MEDIAN(C3:C12)"，按下 Enter 键，就可以得到所有员工工资的中位数值。

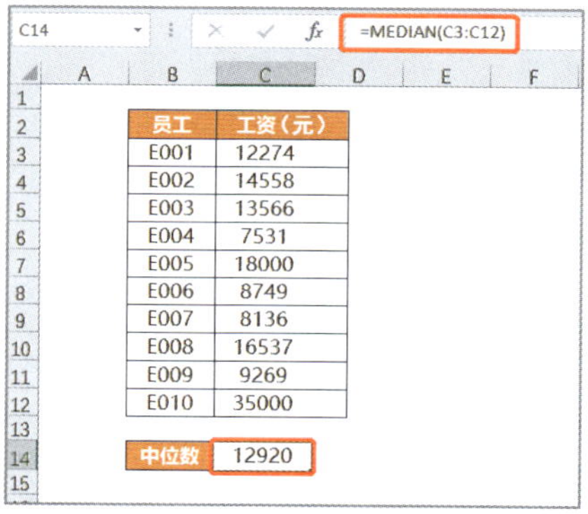

图 2-22

在 Excel 中求取四分位数，需要用到 QUARTILE.EXC 函数，该函数形式如下。

```
= QUARTILE.EXC(array,quart)
```

- array 表示要求取四分位数的具体值范围；
- quart 表示具体要求的分位数，当 quart 取 1 时表示 1/4 分位数，当 quart 取 2 时表示 2/4 分位数，当 quart 取 3 时表示 3/4 分位数。

如图 2-23 所示，在 C14 单元格中输入“=QUARTILE.EXC(C3:C12,2)”，按下 Enter 键，就可以得到所有员工工资的 2/4 分位数值，而 2/4 分位数也就是中位数，可以看到 2/4 分位数值与前面的中位数值是完全一样的。

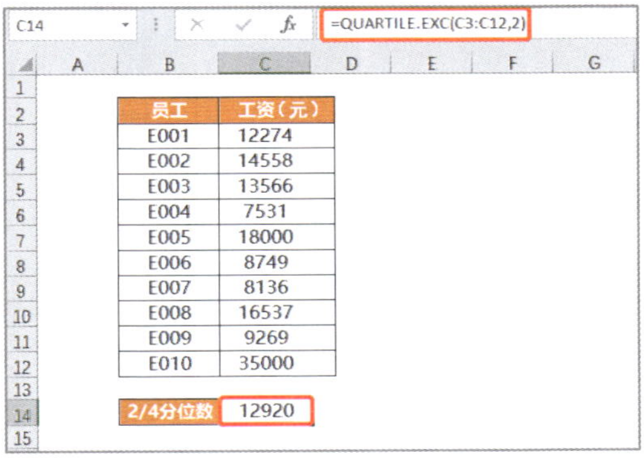

员工	工资（元）
E001	12274
E002	14558
E003	13566
E004	7531
E005	18000
E006	8749
E007	8136
E008	16537
E009	9269
E010	35000
2/4分位数	12920

图 2-23

在 Excel 中求取十分位数，需要用到 PERCENTILE.EXC 函数，该函数形式如下。

```
= PERCENTILE.EXC(array,k)
```

- array 表示要求取十分位数的具体值范围；
- k 表示具体的分位数，位于 0 到 1 之间，不包含 0 和 1。当 k 值是 0.1 时表示 1/10 分位数，当 k 值是 0.9 时表示 9/10 分位数。

如图 2-24 所示，在 C14 单元格中输入“=PERCENTILE.EXC(C3:C12,0.5)”，按下 Enter 键，就可以得到所有员工工资的 5/10 分位数值，而 5/10 分位数也就是中位数。可以看到 5/10 分位数值与 2/4 中位数的值是完全一样的。

在 Excel 中求取众数，需要用到 MODE.SNGL 函数，该函数形式如下。

```
= MODE.SNGL(number1,number2,number3,…)
```

- number1,number2,number3 表示待求取众数的值。

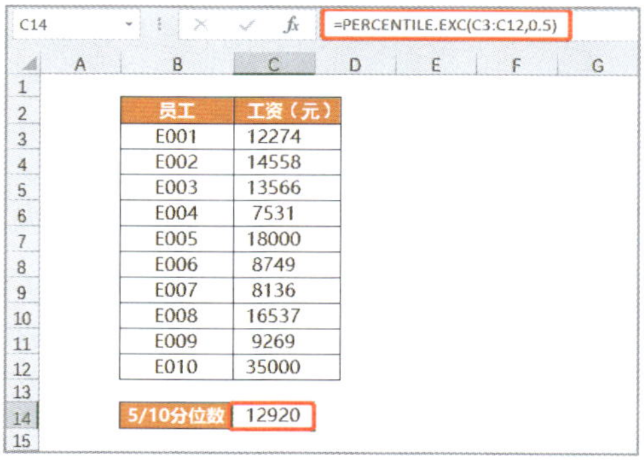

	A	B	C	D
1				
2		员工	工资（元）	
3		E001	12274	
4		E002	14558	
5		E003	13566	
6		E004	7531	
7		E005	18000	
8		E006	8749	
9		E007	8136	
10		E008	16537	
11		E009	9269	
12		E010	35000	
13				
14		5/10分位数	12920	

C14 单元格公式：`=PERCENTILE.EXC(C3:C12,0.5)`

图 2-24

Python 实现

在 Python 中，我们先新建一个 DataFrame，具体实现代码如下。

```
df = pd.DataFrame({'员工':['E001','E002','E003','E004','E005','E006','E007','E008','E009','E010']
            ,'工资':[12274,14558,13566,7531,18000,8749,8136,16537,9269,35000]})
df
```

新建好 DataFrame 以后，就可以对工资进行求平均值操作了，在 Python 中对值求平均值时使用的是 mean 函数，具体实现代码如下。

```
df['工资'].mean()
```

运行上面代码会得到结果 14362.0，和 Excel 中的结果是完全一样的。

在 Python 中对值求中位数时使用的是 median 函数，具体实现代码如下。

```
df['工资'].median()
```

运行上面代码会得到结果 12920.0，和 Excel 中的结果是完全一样的。

在 Python 中对值进行求四分位数和十分位数都是使用 quantile 函数，在括号中指明具体分位数的值，0.1 表示 1/10 分位数，0.25 表示 1/4 分位数，0.5 表示中位数，0.75 表示 3/4 分位数，0.9 表示 9/10 分位数。

```
df['工资'].quantile(0.5)
```

运行上面代码也会得到结果 12920.0。

我们也可以同时获取不同分位数的值，只需要把不同分位数用列表的形式表示即可，比如，我们想要同时获取 1/4、2/4、3/4 分位数值，具体实现代码如下。

```
df['工资'].quantile([0.25,0.5,0.75])
```

2.4.2 离散程度指标

理论讲解

前面的集中趋势指标只是让我们知道了这个群体的一般水平，但是我们还不知道群体内整体分布的差异。比如，我们知道平均工资是多少，但是不知道贫富差距有多大，是大多数人都在平均值附近，还是只有少部分人高于平均值，而大部分人低于平均值呢？

如表 2-7 所示，有两份工资明细，这两份工资的平均值是一样的，都是 14362 元。

表 2-7

员　　工	工资1（元）	工资2（元）
E001	12274	14074
E002	14558	16358
E003	13566	15366
E004	7531	11331
E005	18000	17800
E006	8749	10549
E007	8136	10936
E008	16537	18337
E009	9269	11069
E010	35000	17800

我们将表 2-7 所示数据进行可视化，得到如图 2-25 所示效果。

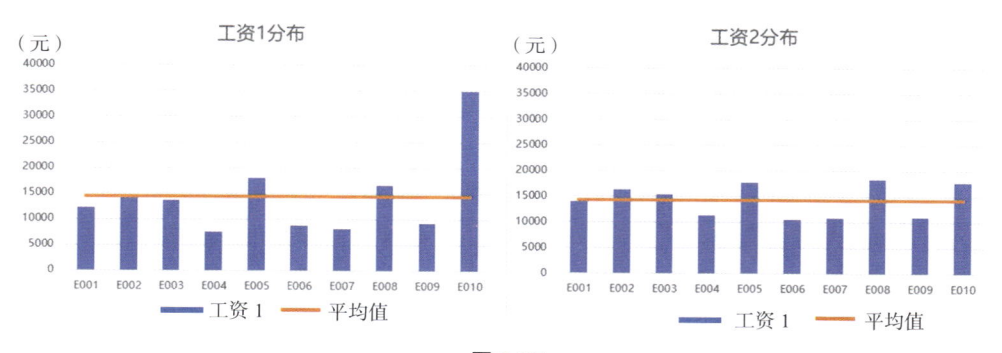

图 2-25

可以看到，虽然两张图表的平均值是一样的，但是员工与员工之间差距分布是不一样的，很明显工资 1 的差距要大一点，而工资 2 的分布更均匀。通过图表的形式我们直观地知道了工资 1 的分布差异要比工资 2 大，但是怎样量化这些分布差异，具体的量化值就是本节要讲的离散程度指标。如果这个指标越大，则说明数据之间差异越大，即分布越离散，反之则说明数据相对比较集中。离散程度指标主要有全距、方差、标准差 3 个。

全距，又称为极差，即用数据集中的最大数（上界）减去数据集中的最小数（下界）。

全距虽然在一定程度上可以反映数据间的差异，但是全距只表示了数据的宽度，没有描述清楚数据上下界之间的分布形态。

基于此，我们引入了方差和标准差这两个概念来度量数据整体的离散情况。

方差是每个数值与平均值之间距离（差）的平方的平均值，方差越小说明各数值与平均值之间的差距越小，数值越集中。

$$\sigma^2 = \frac{\sum(x-\mu)^2}{n} = \frac{(x_1-\mu)^2 + (x_2-\mu)^2 + (x_3-\mu)^2 + \cdots + (x_n-\mu)^2}{n}$$

x 为具体的数值，μ 为平均值，n 为数据个数。

标准差是方差的开方。表示各数值与平均值之间距离（差）的平均值。你可能会说有方差了为什么还要标准差呢？因为标准差与实际指标的单位是一致的，更具有实际意义。

Excel 实现

在 Excel 中计算全距时，先计算出数据中最大值和最小值，然后将二者相减，具体形式如下。

`= MAX(number1,number2,number3,…) - MIN(number1,number2,number3, …)`

在 Excel 中要计算总体方差时，需要用到 VAR.P 函数，该函数形式如下。

`= VAR.P(number1,number2,number3,…)`

- number1,number2,number3 表示待求取方差的值。

要计算样本方差时，只需要把 VAR.P 改成 VAR.S 即可，函数形式保持不变。总体方差与样本方差的区别在于分母分别是 n 和 $n-1$。

在 Excel 中计算数据的标准差时，需要用到 STDDEV.P 函数，该函数的形式如下。

`= STDDEV.P(number1,number2,number3,…)`

- number1,number2,number3 表示待求取标准差的值。

如图 2-26 所示，我们在 C14 单元格中输入 "=MAX(C3:C12) - MIN(C3:C12)"，按下 Enter 键；在 C15 单元格中输入 "=VAR.P(C3:C12)"，按下 Enter 键；在 C16 单元格中输入 "=STDDEV.P(C3:C12)"，按下 Enter 键，就可以得到所有员工工资的全距、方差和标准差了。

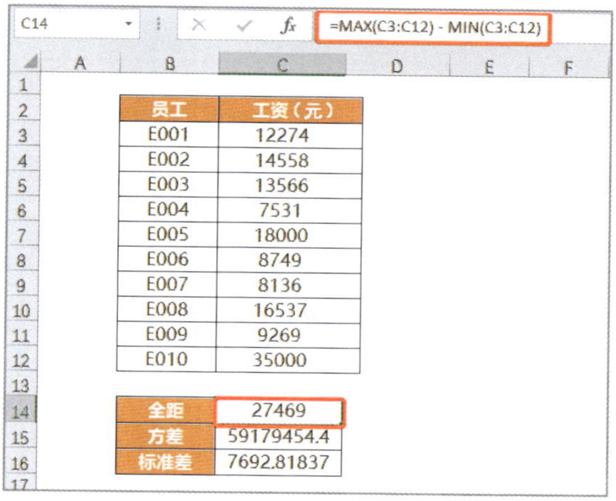

C14　=MAX(C3:C12) - MIN(C3:C12)

员工	工资（元）
E001	12274
E002	14558
E003	13566
E004	7531
E005	18000
E006	8749
E007	8136
E008	16537
E009	9269
E010	35000

全距	27469
方差	59179454.4
标准差	7692.81837

图 2-26

Python 实现

我们还是使用前面建立好的员工工资 DataFrame，在 Python 中求取全距的方式与 Excel 中的方式基本一致，先求取最大值和最小值，然后将二者相减，具体实现代码如下。

```
df['工资'].max() - df['工资'].min()
```

在 Python 中对数据求取方差时，使用的是 var 函数，具体实现代码如下。

```
df['工资'].var(ddof = 0)
```

运行上面代码会得到结果 59179454.4，可以看到这与 Excel 中总体方差的结果是一致的。参数 ddof 用来指明计算方差时分母的取值：N-ddof。如果我们想要在 Python 中计算样本方差，则只需要让参数值 ddof=1，此时的分母为 N-1；或者将该参数值省略不写，因为 ddof 的默认值为 1。

在 Python 中要计算数据的标准差时，把计算方差的 var 函数换成 std 函数即可，运行如下代码，我们可以得到数据的样本标准差和总体标准差。

```
print(df['工资'].std())
print(df['工资'].std(ddof = 0))
```

2.4.3　分布情况指标

理论讲解

集中趋势指标让我们知道了数值的一般水平，离散程度指标让我们知道了数值内部的离散情况。但是只有这两类指标还不能够对数据有足够的了解。

如表 2-8 所示两列数据，读者可以分别计算一下这两列数据的平均值、方差和标准差。

表 2-8

col1	col2
10.0	8.0
8.0	8.0
13.0	8.0
9.0	8.0
11.0	8.0
14.0	8.0
6.0	8.0
4.0	19.0
12.0	8.0
7.0	8.0
5.0	8.0

是不是会惊奇地发现这两列的平均值、方差、标准都是一样的，但这两列数据的分布怎么看都不应该是一样的。所以我们需要引入用来衡量数据分布情况的指标，主要有偏态系数和峰态系数两个。

偏态系数是用来反映数据对称情况的指标。如果数据的分布是对称的，那么偏态系数就等于 0；如果偏态系数不等于 0，则说明数据的分布不对称。

- 若偏态系数>1 或<-1，则数据呈高度偏态分布；
- 若偏态系数范围为[0.5,1]和[-1,-0.5]，则数据呈中等偏态分布；
- 若偏态系数在 0 附近，则数据呈轻微偏态分布。

偏态系数的绝对值越大，说明偏态分布越严重。当偏态系数为正值时，数据为正偏态分布或右偏态分布；当偏态系数为负值时，数据为负偏态分布或左偏态分布。

图 2-27 所示分别为左偏分布、对称分布、右偏分布的示意图，以及在不同分布下平均值、中位数、众数三者之间的关系。

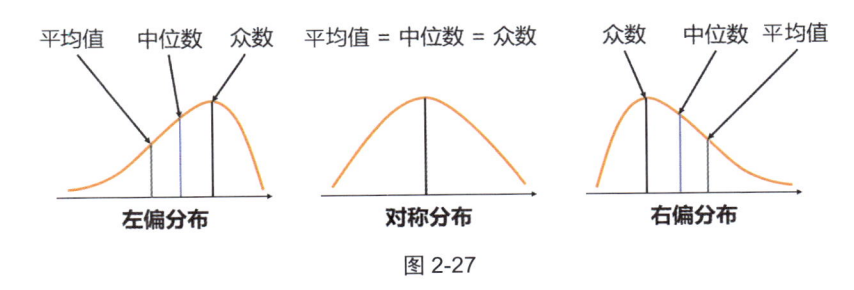

图 2-27

需要注意的是，左偏还是右偏是指长尾的偏向，左偏说明长尾在左边，右偏说明长尾在右边。

峰态系数用来反映数据分布与标准正态分布的峰度之间的差异。若峰态系数等于 0，则说明数据分布符合标准正态分布；若峰态系数大于 0，则说明数据分布比标准正态分布更尖，称为尖峰分布；若峰态系数小于 0，则说明数据分布比标准正态分布更平，称为平峰分布。

如图 2-28 所示，绿线为标准正态分布，红线为尖峰分布，蓝线为平峰分布。

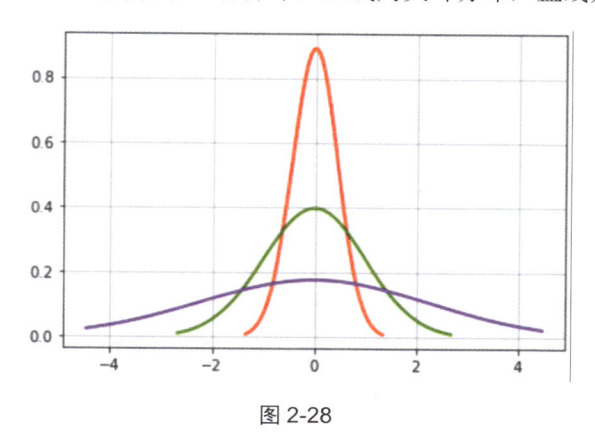

图 2-28

Excel 实现

在 Excel 中要计算偏态系数时，需要用到 SKEW 函数，该函数形式如下。

```
= SKEW(number1,number2,number3,…)
```

- number1,number2,number3 表示待求取偏态系数的值。

在 Excel 中要计算峰态系数时，需要用到 KURT 函数，该函数形式如下。

```
= KURT(number1,number2,number3,…)
```

- number1,number2,number3 表示待求取峰态系数的值。

如图 2-29 所示，我们在 C14 单元格中输入"=SKEW(C3:C12)"，按下 Enter 键；在 C15 单元格中输入"=KURT(C3:C12)"，按下 Enter 键，就可以得到所有员工工资的偏态系数和峰态系数了。

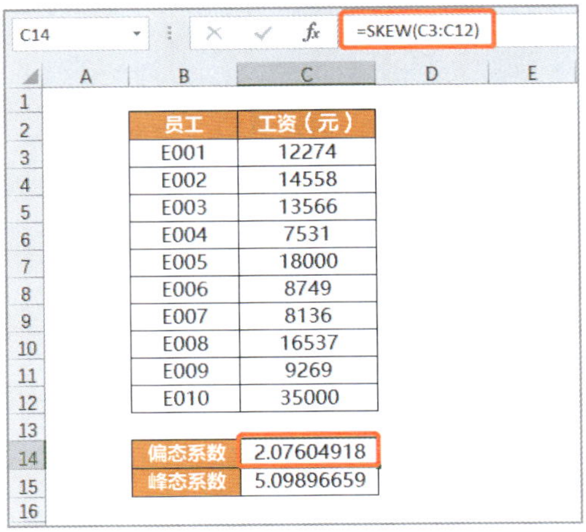

员工	工资（元）
E001	12274
E002	14558
E003	13566
E004	7531
E005	18000
E006	8749
E007	8136
E008	16537
E009	9269
E010	35000

偏态系数	2.07604918
峰态系数	5.09896659

图 2-29

Python 实现

我们还是使用前面建立好的员工工资 DataFrame，在 Python 中求取偏态系数与峰态系数需要用到的函数与 Excel 中的函数一致，具体实现代码如下。

```
print(df['工资'].skew()) #偏态系数
print(df['工资'].kurt()) #峰态系数
```

运行上面代码会得到结果 2.0760491776426697 和 5.098966593223072，可以看到和 Excel 中的结果是一样的。

2.5 其他容易混淆的概念

2.5.1 平均值与期望

前面我们介绍了平均值，与平均值类似的一个概念是期望。那期望具体是什么呢？一般人们为了便于理解，就会说，你把期望也理解成是平均值就可以了。那到底可不可以这样呢？

先来看看期望这个概念的历史：

> 17 世纪，有一个赌徒向法国著名数学家帕斯卡挑战，给他出了一道题目，题目是这样的：甲乙两个人赌博，他们两人获胜的概率相等，比赛规则是先胜三局者为赢家，赢家可以获得 100 法郎的奖励。比赛进行到第三局时，甲胜了两局，乙胜了一局，这时由于某些原因中止了比赛，那么如何分配这 100 法郎才比较公平？用概率论的知识，不难得知，甲获胜的概率为 1/2+(1/2)×(1/2)=3/4，或者分析乙获胜的概率为

(1/2)×(1/2)=1/4。因此得出甲的期望所得值为 100×3/4=75 法郎，乙的期望所得值为 25 法郎。这个故事里出现了"期望"这个词，数学中的期望由此而来。

通过上面的故事，我们可以看出，期望是一种通过概率计算出来的值，是理想状态下我们希望得到的结果。有一句话叫作"期望越大失望越大"，这里的期望其实就和数学中的期望差不多。

我们再来看一下期望的数学定义，期望一般用 $E(X)$ 来表示。

$$E(X) = X_1 \cdot p(X_1) + X_2 \cdot p(X_2) + \cdots + X_n \cdot p(X_n)$$

$X_1, X_2, X_3, \cdots, X_n$ 表示具体的 n 个值，$p(X_1), p(X_2), p(X_3), \cdots, p(X_n)$ 为这几个值对应出现的概率。在已知的一份数据集中，概率值 $p(X_1), p(X_2), p(X_3), \cdots, p(X_n)$ 可以理解为值 $X_1, X_2, X_3, \cdots, X_n$ 出现的频率 $f(X_i)$，则：

$$\begin{aligned} E(X) &= X_1 \cdot p(X_1) + X_2 \cdot p(X_2) + \cdots + X_n \cdot p(X_n) \\ &= X_1 \cdot f_1(X_1) + X_2 \cdot f_2(X_2) + \cdots + X_n \cdot f_n(X_n) \end{aligned}$$

某个值出现的频率 = 该值出现的次数/所有值出现的次数之和。

现在有下面几个值，我们来分别计算一下这些值的平均值和期望：

1，1，2，5，2，6，5，8，9，4，8，1

$$平均值 = (1+1+2+5+2+6+5+8+9+4+8+1)/12 = 13/3$$

每个值出现的频率，如表 2-9 所示。

表 2-9

值	频 率
1	$f(1)=3/12$
2	$f(2)=2/12$
4	$f(4)=1/12$
5	$f(5)=2/12$
6	$f(6)=1/12$
8	$f(8)=2/12$
9	$f(9)=1/12$

$$期望 = 1 \cdot f(1) + 2 \cdot f(2) + 4 \cdot f(4) + 5 \cdot f(5) + 6 \cdot f(6) + 8 \cdot f(8) + 9 \cdot f(9) = 13/3$$

我们可以看到，计算出来的两个值是相等的，这是巧合吗？不是的，在已知的一份数据集中，这两个值计算出来都是相等的。

期望和平均值的本质区别为前者是通过概率得出来的值，而后者是一个具体的、实际的值。在一般情况下，两者计算出来的值是一样的，这也就是为什么会有把期望理解成平均值的做法。

2.5.2 比例和比率

比例和比率，乍一看上去，好像这两个指标没什么区别，都用 $x\%$ 表示，但实际上两者不止概念有些差别，应用场景也不太一样。

比例用来反映一个整体中各部分之间的组成情况，一般用 $a:b$ 的形式表现，比如，东、南、西、北 4 个区域的贷款数量之间的比例为 35：30：20：15，这 4 个部分组成了全国这一个整体。

单身群体中，男女比例为 1：2，这也是比例。

比率则用来反映组成总体的某一部分在总体中的占比情况，一般用百分比来表示。比如，坏账率就是总贷款量中的坏账量在总贷款量中的占比。每个区域的坏账率就是区域内坏账量在这个区域内总贷款量的占比。东、南、西、北 4 个区域的坏账率分别为 15%、20%、30%、35%（坏账率 = 坏账量/总贷款量），如图 2-30 所示。

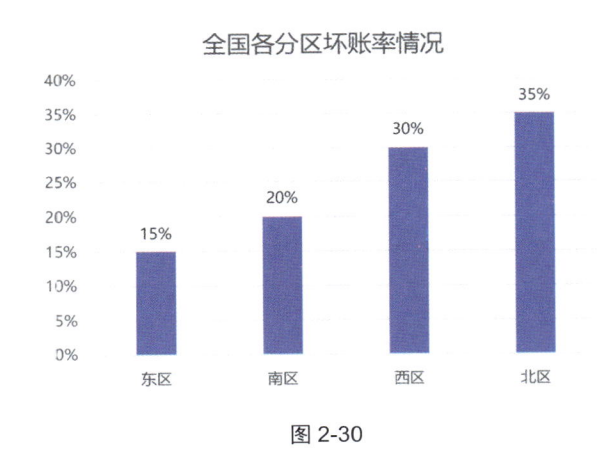

图 2-30

男生群体中有 50%的人是单身，这也是比率。

现在总共有 100 笔坏账，其中，东、南、西、北各自区域的坏账比例为 50：25：15：10。东区的坏账量在全国的坏账量中比例是最高的，但是能说东区是全国坏账最严重的地方吗？显然不太能。我们还需要看一下这 100 笔坏账是来自于哪些贷款的，即每个分区的坏账是基于多少贷款量产生的，也就是看一下各自区域内的坏账比率，如图 2-31 所示。

全国各分区总贷款量&坏账率

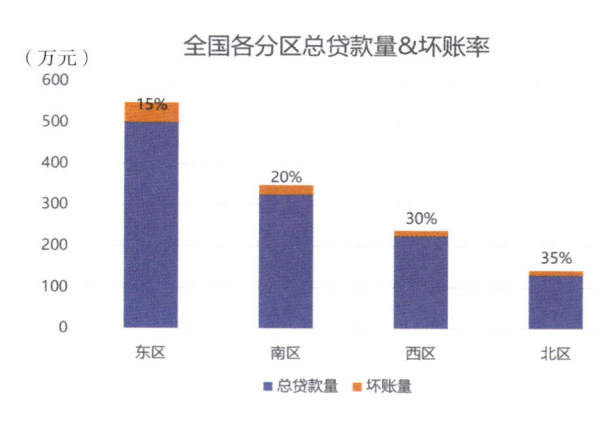

图 2-31

通过图 2-31 可以发现,虽然东区的坏账量在全国坏账量中的比例是最高的,但是坏账率是全国 4 个区中最低的,之所以坏账量占比高是因为总贷款量基数比较大。

其实,坏账率和贷款量之间一直是一个博弈的过程,要想有更多的贷款量,就需要把审核门槛降低,可是降低审核门槛就意味着坏账率将会有很大概率升高。

所以在日常分析过程中,首先要清楚分析的目的,然后根据实际情况计算比例或比率,或两者结合同时使用,不能想当然地以比例或比率得出结论。

2.5.3　百分比和百分点

百分比和百分点也是两个比较相近,又容易混淆的指标,我们来看一下两者具体的区别。

下面为数据分析中比较常用的同/环比公式:

$$同/环比 = \frac{本期值 - 上期值}{上期值} \times 100$$

同/环比常用来表示指标的变动情况,假设现在我们有两个指标,GMV(商品交易总额)和成交率,这两个指标的本期值和上期值如表 2-10 所示。

表 2-10

指　　标	上　期　值	本　期　值
GMV	100	200
成交率	10%	20%

如果要衡量这两个指标的变动情况,应该怎么计算呢?可能有人会说,这还不简单,直接用上面的公式算一下就可以了,也就是会得到如表 2-11 所示结果。

表 2-11

指　　标	上　期　值	本　期　值	同/环比
GMV	100	200	(200−100)/100×100% = 100%
成交率	10%	20%	(20%−10%)/10%×100% = 100%

关于 GMV 指标的变动用表 2-11 所示来表示是可以的，但是关于成交率的变动还有另外一种表示，即直接将两个率值作差，也就是 20%−10%=10%。

那上面两种算法有什么区别呢？这就是我们要讲的百分比和百分点。

百分比是将要比较的基数抽象转换成 100，然后看当前值和基数 100 的关系，比如，上面例子中，本期值和上期值变化了 100，变化的 100 与基数（上期值）100 相比的结果就是百分比。

百分点用来衡量不同百分比的变动幅度，直接将不同百分比值作差即可得到。百分点（percent point，pp）是百分比当中 1% 的单位。

所以，在描述上述例子中的成交率变化情况时，比较严谨的描述为如下两种。

- 本期成交率相比上期成交率变化了 10 个百分点，即 10pp；
- 本期成交率相比上期成交率变化了 100%。

如果想要表达指标变化的百分比情况，就用 $x\%$；如果想要表达百分比之间的变化情况，就用 $x$pp，这样别人看到你的符号就知道你是怎么计算的了。

第 3 章 概率和概率分布

3.1 概率和概率分布在数据分析中的应用场景

描述性分析让我们对数据现状有了一定了解,很多时候我们不满足于对现状的了解,还希望通过现状对未来做一些预判,这时就需要研究数据的整体分布情况,即概率分布,以了解现在处于分布的什么水平,以及预测未来可能达到什么水平。

在实际工作中,拿到一份数据以后,我们会发现大部分的数据表现都符合正态分布。现在有每一位用户在过去一个月的消费金额数据,假设这份数据符合正态分布,那我们可以用这份数据做什么呢?

主要有两个用途:第一个用途是判断每一位用户在正态分布中的水平;第二个用途是用来检测异常用户。

第一个用途比较好理解,就是看每一位用户在正态分布中的位置;第二个用途主要是看位于正态分布边缘两侧的用户,因为大部分用户是位于正态分布中心位置的,只有极个别用户是位于正态分布边缘两侧位置的。

3.2 常见概念

3.2.1 什么是随机事件

随机事件是在随机试验中,可能出现也可能不出现的事件。而随机试验是指在相同条件下对某随机现象进行的大量重复观测。比如,在相同条件下重复扔多次硬币,然后观测硬币的正反面就是一个随机试验,而在这个随机试验中出现正面或者反面都是一个随机事件。

与随机事件类似的还有必然事件和不可能事件,必然事件是一定会发生的事件,而不可能事件是指一定不会发生的事件。比如,投掷骰子随机试验中,点数在 1～6 是必然事件,点数大于 6 是不可能事件。

3.2.2 什么是随机变量

将随机试验中可能发生的随机事件组合称为随机变量 X,随机变量的取值为每一个可能发生的随机事件。为了便于表达和进一步分析,一般都会将随机事件数值化,比如,在扔硬币随机试验中,随机事件是正面的为 1,反面的为 0。

根据随机变量的所有取值是否可以逐个列举,将随机变量分为离散型随机变量和连续型随机变量两种。如果随机变量 X 的所有取值都可以逐个列举,则称 X 为离散型随机变量,比如,硬币正反面;如果随机变量 X 的所有取值不可以逐个列举出来,则称 X 为连续型随机变量,比如,电子产品的使用寿命。

3.2.3 什么是概率

概率是某件事发生的可能性,也就是前面随机变量取不同值对应的不同可能性(概率)。比如,扔硬币试验中得到正面的可能性有多大,得到反面的可能性有多大。

概率的取值介于 0～1 之间,值越大,说明发生的可能性越大。

我们在前面描述性分析中介绍了频数和频率,这里介绍另外一种描述:频数是指在 n 次重复的随机试验中,某一事件发生的次数;而频率是指某一事件发生的次数在 n 次试验中的占比。比如,在 n 次随机试验中,事件 A 发生了 m 次,则事件 A 的频数为 m,频率为 m/n。

一般来说,随着试验次数 n 的增加,某事件发生的频率会趋于某一个稳定的常数,我们把这个常数称为该事件的概率。

现在我们来做一个试验,分别生成 10 个、100 个、1000 个、10000 个、100000 个 0～1 的随机数,可以算出不同样本个数下对应的 0 或者 1 出现的频率,把上面这个过程重复 10 次,就会生成 10 个不同样本个数下对应 0 出现的频率值,将不同样本个数对应的频率分布用箱形图表示,如图 3-1 所示。

通过图 3-1 可以看出,随着样本个数(即试验次数 n)的增加,0 出现的频率波动幅度在缩小,当样本个数扩大到 100000 个时,频率基本维持在 0.5 这一稳定常数,这时 0.5 就可以称为随机事件 0 发生的概率。这与我们的认知相一致,生成 0～1 的随机数,0 和 1 出现的概率均为 0.5。

第 3 章 概率和概率分布

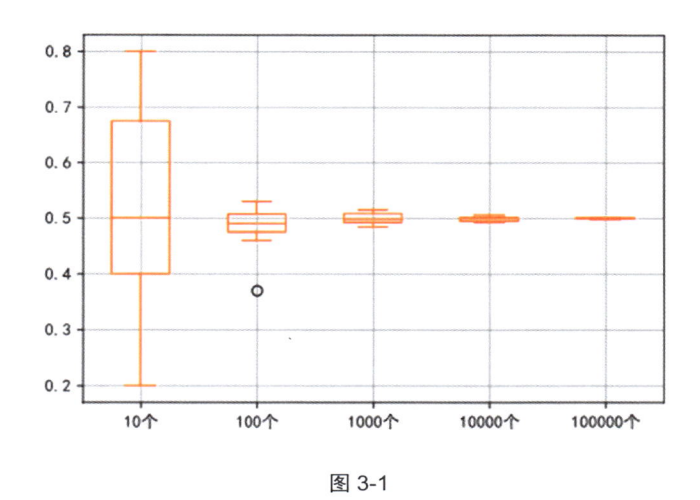

图 3-1

生成上面结果的 Python 代码如下。

```
%matplotlib inline
import matplotlib.pyplot as plt
plt.rcParams["font.sans-serif"]='SimHei'#解决中文乱码
plt.rcParams['axes.unicode_minus'] = False#解决负号无法正常显示的问题
import pandas as pd
import random

zero_rate_list = []
for m in range(0,10):
    zero_rate = []
    for i in [10,100,1000,10000,100000]:
        random_list = []
        for n in range(0,i):
            random_list.append(random.randint(0, 1))
        zero_rate.append(random_list.count(0)/len(random_list))
    zero_rate_list.append(zero_rate)
df = pd.DataFrame(zero_rate_list,columns = ['10 个','100 个','1000 个','10000 个','100000 个'])
df.boxplot(color = '#FF5900')
```

因为生成的是随机数，每次运行得到的随机结果会不太一样，所以运行得到的结果图与本书中的图不会完全一致。

需要注意的是，概率并不等同于频率，两者的主要区别如下。

- 频率是通过试验观测到的，而概率是客观存在的；
- 某事件的频率是会变化的，而概率是恒定不变的；
- 频率总是围绕概率上下波动，样本越大，波动幅度越小。

3.3 离散型随机变量概率分布

3.3.1 概率分布表与概率分布图

我们把用来表示离散型随机变量在各个取值上对应概率的函数称为概率质量函数（Probability Mass Function，PMF），PMF 的函数形式如下。

$$P(X = x_k) = p_k$$

需要注意的是，概率质量函数是离散型随机变量所独有的，连续型变量是没有的。

我们前面讲过离散型随机变量是所有取值都可以列出来的，把离散型随机变量中每个取值所对应的概率用表的形式展示出来，就得到了概率分布表，概率分布表的一般形式如表 3-1 所示。

表 3-1

X 的取值	x_1	x_2	...	x_n
概率 P	p_1	p_2	...	p_n

表 3-1 中 X 所有取值对应的概率之和为 1，即 $p_1 + p_2 + \cdots + p_n = 1$。

一般把概率分布表简称为概率分布。比如，扔硬币随机试验中，硬币正反面这个随机变量的概率分布如表 3-2 所示。

表 3-2

X 的取值	0	1
概率 P	0.5	0.5

0 代表硬币反面，1 代表硬币正面。把概率分布表用图表的形式展示出来的结果称为概率分布图。比如，硬币正反面这个随机变量的概率分布如图 3-2 所示。

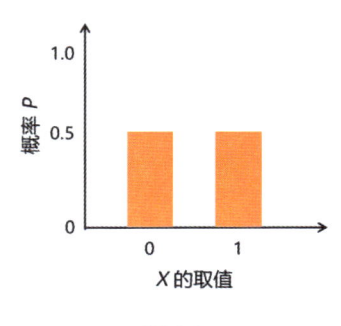

图 3-2

3.3.2 累积分布函数与百分点函数

3.3.1 节介绍了概率质量函数，有时我们不仅想知道随机变量在某个取值上的概率，还想知道其在某些取值上的概率，比如，摇骰子这个随机事件对应的概率分布如表 3-3 所示。

表 3-3

X 的取值	1	2	3	4	5	6
概率 P	$\frac{1}{6}$	$\frac{1}{6}$	$\frac{1}{6}$	$\frac{1}{6}$	$\frac{1}{6}$	$\frac{1}{6}$

X 的取值表示我们摇一次骰子得到的点数。

现在我们想知道摇一次骰子得到点数小于或等于 3 这个事件的概率是多少，其实就是把这个事件包含的所有事件概率相加，如下所示。

$$P(X \leqslant 3) = P(X = 1) + P(X = 2) + P(X = 3)$$

同理，点数小于或等于 5 这个事件的概率如下所示。

$$P(X \leqslant 5) = P(X = 1) + P(X = 2) + P(X = 3) + P(X = 4) + P(X = 5)$$

我们把用来表示上面这种小于或等于某个值的事件对应的概率函数称为累积分布函数（Cumulative Distribution Function，CDF），CDF 的函数形式如下。

$$F(x) = P(X \leqslant x) = \sum_{x_k \leqslant x} p_k$$

CDF 是知道了 x 求小于或等于 x 的概率，有时我们还想知道要满足某个概率时，对应的 x 值应该是多少，这种知道概率求 x 的函数被称为百分点函数（Percent Point Function，PPF），PPF 是 CDF 的反函数。

与 CDF 相关的还有一个函数叫作生存函数（Survive Function，SF）。SF = 1 − CDF，CDF 得到的是小于或等于某个值的概率，而 SF 得到的是大于某个值的概率。比如，点数小于或等于 3 的 CDF 对应点数大于 3 的 SF。

CDF、PPF 和 SF 都不是离散型随机变量所独有的，在连续型变量中也会存在。

3.3.3 期望与方差

随机变量的期望用来反映随机变量取值的平均情况，等于随机变量中每一个取值与其对应概率的乘积和，一般用符号 $E(x)$ 表示。

假设随机变量 X 的取值为 $x_1, x_2, \cdots, x_n$，每个取值对应的概率为 $p_1, p_2, \cdots, p_n$，则该随机变量 X 的期望如下。

$$E(X) = x_1 \cdot p_1 + x_2 \cdot p_2 + \cdots + x_n \cdot p_n = \sum_{i=1}^{n} x_i \cdot p_i$$

随机变量的方差用来反映随机变量取值的离散情况，等于随机变量中每一个取值与期望之差的平方和的期望，一般用符号 $D(X)$ 表示。

$$D(X) = E[X - E(X)]^2 = \sum_{i=1}^{n} [x_i - E(X)]^2 \cdot p_i$$

我们可以把随机变量 X 中每一个取值与期望之差的平方和看作随机变量 Y，则随机变量 Y 的每一个取值如下。

$$y_i = [x_i - E(X)]^2$$

随机变量 X 的方差 $D(X)$ 就可以转化为如下形式。

$$D(X) = E(Y) = \sum_{i=1}^{n} y_i \cdot p_i$$

3.3.4 常见离散型概率分布

1. 两点分布

理论讲解

两点分布又被称为 0-1 分布或伯努利分布，是指一次随机试验中，随机变量 X 的可能取值只有 0 和 1 两种，假设随机变量 X 取值为 1 的概率为 p，则取值为 0 的概率为 $1-p$。该分布的概率分布如表 3-4 所示。

表 3-4

X 的取值	1	0
概率 p	p	$1-p$

比如，抛硬币试验的结果就符合 0-1 分布，正面或者反面；还有产品质量检测的结果也符合 0-1 分布，合格或者不合格。

根据 3.3.3 节介绍的离散型随机变量的期望与方差公式，可以得出两点分布的期望与方差，分别如下。

$$E(X) = x_1 \cdot p_1 + x_2 \cdot p_2 = 1 \cdot p + 0 \cdot (1-p) = p$$
$$D(X) = [x_1 - E(X)]^2 \cdot p_1 + [x_2 - E(X)]^2 \cdot p_2$$
$$= [1-p]^2 \cdot p + [0-p]^2 \cdot (1-p)$$

$$= [1-p]^2 \cdot p + (1-p) \cdot p^2$$
$$= (1-p)(p(1-p) + p^2)$$
$$= (1-p)p$$

Excel 实现

两点分布比较简单，日常工作中涉及的运算也比较少，这里就不进行展示了。

Python 实现

首先，生成一份满足概率 $p = 0.3$ 的两点分布数据集，具体实现代码如下。

```
from scipy.stats import bernoulli
bernoulli_data = bernoulli.rvs(p = 0.3, size=10,random_state = 0)
bernoulli_data
```

上面代码中添加 random_state 参数是为了保证每运行一次代码生成的数据保持一致，运行上面代码会得到如下结果。

```
array([0, 1, 0, 0, 0, 0, 0, 1, 1, 0])
```

还可以获取满足概率 $p = 0.3$ 的两点分布的期望与方差，具体实现代码如下。

```
mean, var = bernoulli.stats(p = 0.3, moments='mv')
mean, var
```

上面代码中参数 moments 的参数值'mv'中的 m 是 mean 的缩写，v 是 variance 的缩写。运行上面代码得到如下结果。

```
(array(0.3), array(0.21))
```

0.3 为该分布的期望，该值等于 p；0.21 为该分布的方差，该值等于 $(1-p)p$。

也可以获取不同 x 值对应的 PMF 函数值，具体实现代码如下。

```
#k 为 x 的取值
bernoulli.pmf(k = 1,p = 0.3)
```

运行上面代码得到结果为 0.3，表示当 x 取值为 1 时的概率为 0.3。

如果想要获取 x 取值为 0 时对应的概率，则运行如下代码。

```
bernoulli.pmf(k = 0,p = 0.3)
```

2．二项分布

理论讲解

二项分布是把符合 0-1 分布的随机试验重复了 n 次以后得到的概率分布。比如，我们把一枚硬币重复抛了 10 次，在这 10 次随机试验中硬币正面朝上的次数就是一个随机变量，这个随机变量 X 所服从的概率分布称为二项分布。二项分布的概率质量函数如下。

$$P(X=x) = C_n^x p^x q^{n-x}, x = 0,1,2,\cdots,n$$

上式中，n 为总试验次数，x 为 n 次试验中观测到结果为 1 的次数，p 为 0-1 分布中取值为 1 的概率，q 为 0-1 分布中取值为 0 的概率，其中 $p + q = 1$。

C_n^x 表示从 n 个单位中选出 x 个的排列组合，具体计算公式如下。

$$C_n^x = \frac{P_n^x}{x!} = \frac{\frac{n!}{(n-x)!}}{x!} = \frac{n!}{x!(n-x)!}$$

$n!$ 表示 n 的阶乘，具体公式如下。

$$n! = n \times (n-1) \times (n-2) \times \cdots \times 3 \times 2 \times 1$$

例如：

$$6! = 6 \times 5 \times 4 \times 3 \times 2 \times 1 = 720$$

一般会将符合二项分布的随机变量描述为随机变量 X 服从参数为 n、p 的二项分布，记为 $X \sim B(n,p)$。

当 $n = 1$ 时，二项分布就等同于 0-1 分布了。

因为二项分布是重复 n 次 0-1 分布之后得到的结果，所以二项分布的期望和方差如下。

```
E(X) = np
D(X) = np(1-p) = npq
```

Excel 实现

在 Excel 中生成一份二项分布数据集，用到的是 Excel 中的"数据分析"工具库，其在菜单栏"数据"选项卡下，如图 3-3 所示（笔者所用为 Excel 2021 版）。

图 3-3

如果之前未开启"数据分析"工具库，则可以先单击"文件—选项"命令，然后在弹出的"Excel 选项"对话框中选择"加载项"，单击最下面的"转到"按钮，在弹出的"加载宏"对话框中勾选"分析工具库"复选框，如图 3-4 所示，这样就可以在菜单栏看到了。

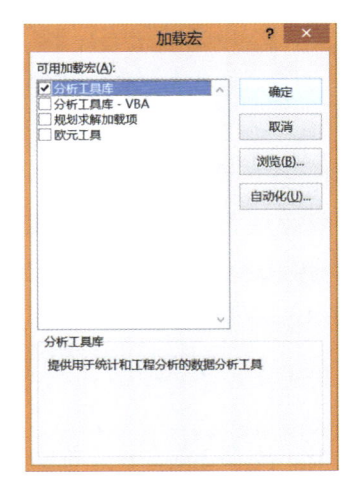

图 3-4

单击"数据分析"命令,在弹出的"数据分析"对话框中选择"随机数发生器",单击"确定"按钮,弹出如图 3-5 所示"随机数发生器"对话框,选择分布类型及分布对应的参数值,单击"确定"按钮就可以生成一份二项分布数据集了。

图 3-5

除了生成数据集,还可以获取不同 x 值对应的 PMF 函数值,用到的是 BINOM.DIST 函数,该函数形式如下。

= BINOM.DIST(number_s,trials,probability_s,cumulative)

- number_s 表示重复试验中结果为成功的次数,即 x 值;
- trials 表示试验总重复次数;
- probability_s 表示单次试验中结果为成功的概率,即 p 值;

- cumulative 用来表示是单点概率还是累积概率，当值为 TRUE 时表示累积概率，当值为 FALSE 时表示单点概率。

在 Excel 的任意单元格中输入下述公式，得到结果为 0.02824，表示在 10 次重复试验中得到 0 次成功结果的概率为 0.02824。

```
= BINOM.DIST( 0,10,0.3,FALSE)
```

在 Excel 的任意单元格中输入下述公式，得到结果为 1，表示在 10 次重复试验中得到成功结果次数小于或等于 10 次的概率为 1。

```
= BINOM.DIST(10,10,0.3,TRUE)
```

Python 实现

首先，生成一份满足 $n = 10$、$p = 0.3$ 的二项分布数据集，具体实现代码如下。

```
from scipy.stats import binom
binom_data = binom.rvs(n = 10, p = 0.3,size = 10,random_state = 0)
binom_data
```

运行上述代码会得到如下结果。

```
array([3, 4, 3, 3, 3, 3, 3, 5, 6, 3])
```

还可以同时获取满足 $n = 10$、$p = 0.3$ 的二项分布的期望与方差，具体实现代码如下。

```
mean, var = binom.stats(n = 10, p = 0.3, moments='mv')
mean, var
```

运行上面代码得到如下结果。

```
(array(3.), array(2.1))
```

3 为该分布的期望，该值等于 np；2.1 为该分布的方差，该值等于 npq。

也可以获取不同 x 值对应的 PMF 函数值，具体实现代码如下。

```
#k 为 x 的取值
binom.pmf(k = 0,n = 10, p = 0.3)
```

运行上面代码得到结果为 0.02824，表示在 $p = 0.3$ 的情况下，重复 10 次试验，得到 0 次结果为 1 的概率为 0.02824。

也可以同时获取不同 x 取值的 PMF 函数值，只需要把不同 x 取值以列表的形式传给 k 即可，如下为同时获取 x 取值为 0~10 对应的 PMF 函数值代码。

```
binom.pmf(k = [0,1,2,3,4,5,6,7,8,9,10],n = 10, p = 0.3)
```

还可以获取不同 x 值对应的 CDF 函数值，具体实现代码如下。

```
#k 为 x 的取值
binom.cdf(k = 10, n = 10, p = 0.3)
```

运行上面的代码得到结果为 1，在 $n = 10$ 的情况下，x 取值最大为 10，所以 x 取值 10 的 CDF 函数值就是 1。

也可以同时获取不同 x 值对应的 CDF 函数值，具体实现代码如下。

```
binom.cdf(k = [0,1,2,3,4,5,6,7,8,9,10], n = 10, p = 0.3)
```

运行上面代码会得到如下结果。

```
array([0.02824752, 0.14930835, 0.38278279, 0.64961072, 0.84973167,
    0.95265101, 0.98940792, 0.99840961, 0.99985631, 0.9999941 ,
    1.])
```

可以看到，随着 x 取值的增加，CDF 值也是逐渐增加的，直到最后达到结果 1。

3. 泊松分布

理论讲解

当二项分布中的总试验次数 n 足够大，p 又足够小时，二项分布就变成了泊松分布。泊松分布用来表示一定时间段内某事件出现次数的分布情况，其概率质量函数如下。

$$P(X = x) = \frac{\lambda^x e^{-\lambda}}{x!}, x = 0,1,2,\cdots,n$$

在泊松分布中没有总次数 n 的概念，而是转变成了时间的概念。λ 表示一定时间段内事件出现的平均数，是一个常数；x 为一定时间内某事件出现的次数。

泊松分布是特殊的二项分布，其概率质量函数也是由二项分布的概率质量函数推导而来的，具体推导过程如下。

已知二项分布的期望为 np，我们假设 $\lambda = np$，现在对二项分布的概率质量函数进行变形：

$$P(X = x) = C_n^x p^x q^{n-x} = C_n^x \left(\frac{\lambda}{n}\right)^x \left(1 - \frac{\lambda}{n}\right)^{n-x}$$

$$= \frac{n!}{x!(n-x)!} \frac{\lambda^x}{n^x} \left(1 - \frac{\lambda}{n}\right)^{n-x}$$

$$= \frac{n!}{n^x(n-x)!} \frac{\lambda^x}{x!} \left(1 - \frac{\lambda}{n}\right)^{n-x}$$

当 n 趋于无穷大时：

$$\frac{n!}{n^x(n-x)!} \to 1$$

$$\left(1 - \frac{\lambda}{n}\right)^{n-x} \to e^{-\lambda}$$

通过对上式的变形就可以得到泊松分布的概率质量函数。

当 n 足够大，p 足够小时，泊松分布和二项分布是可以近似代替的，所以泊松分布的期望就等于二项分布的期望，即

$$E(X) = np = \lambda$$

泊松分布的方差也可以近似等于二项分布的方差，又当 p 足够小时，q 可以近似等于 1，所以泊松分布的方差为：

$$D(X) = npq = \lambda \cdot q = \lambda$$

Excel 实现

在 Excel 中生成泊松分布数据集与二项分布的方式是一样的，还是打开"随机数发生器"对话框，只需要在"分布"处选择"泊松"，然后输入分布对应的参数值即可，具体如图 3-6 所示。

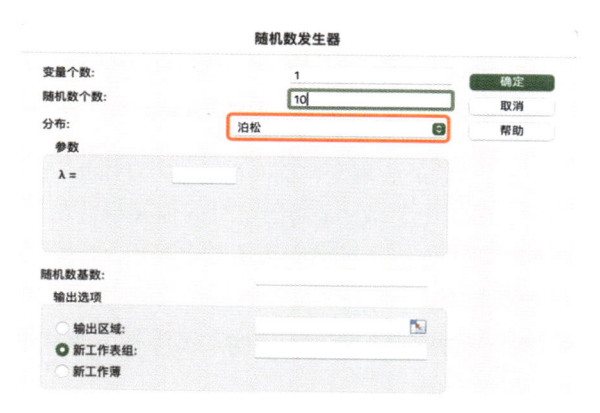

图 3-6

也可以获取不同 x 值对应的 PMF 函数值，用到的是 POISSON.DIST 函数，该函数形式如下。

```
= POISSON.DIST(x,mean,cumulative)
```

- x 表示一段时间内事件出现的次数，即 x 值；
- mean 表示泊松分布的均值，即 λ 值；
- cumulative 用来表示是单点概率还是累积概率，当值为 TRUE 时表示累积概率，当值为 FALSE 时表示单点概率。

在 Excel 的任意单元格中输入下述公式，得到结果为 0.04978，表示在一段时间内事件出现 0 次的概率为 0.04978。

```
= POISSON.DIST(0,3,FALSE)
```

在 Excel 的任意单元格中输入下述公式，得到结果为 0.4231，表示在一段时间内事件出现次数小于或等于 2 次的概率为 0.4231。

```
= POISSON.DIST(2,3,TRUE)
```

Python 实现

先生成一份满足 λ = 3 的泊松分布数据集，具体实现代码如下。

```
from scipy.stats import poisson
#mu 为 λ 值
poisson_data = poisson.rvs(mu = 3, size = 10,random_state = 0)
poisson_data
```

运行上面代码得到如下结果。

```
array([5, 6, 2, 0, 7, 3, 3, 1, 6, 1])
```

还可以同时获取满足 λ = 3 的泊松分布的期望与方差，具体实现代码如下。

```
mean, var = poisson.stats(mu = 3, moments='mv')
mean, var
```

运行上面代码得到如下结果。

```
(array(3.), array(3.))
```

可以看到，该分布的期望与方差均等于 λ 值。

也可以获取不同 x 值对应的 PMF 函数值，具体实现代码如下。

```
#k 为 x 的取值
poisson.pmf(k = 0,mu = 3)
```

运行上面代码得到结果为 0.04978，表示在 λ = 3 的情况下，一定时间段内得到 0 次结果为 1 的概率为 0.04978。

也可以同时获取不同 x 值对应的 PMF 函数值，具体实现代码如下。

```
poisscn.pmf(k = [0,1,2,3,4,5,6,7,8,9,10],mu = 3)
```

运行上面代码得到如下结果。

```
array([0.04978707, 0.14936121, 0.22404181, 0.22404181, 0.16803136,
    0.10081881, 0.05040941, 0.02160403, 0.00810151, 0.0027005 ,
    0.00081015])
```

还可以获取不同 x 值对应的 CDF 函数值，具体实现代码如下。

```
poisscn.cdf(k = 2,mu = 3)
```

还可以同时获取不同 x 值对应的 CDF 函数值，具体实现代码如下。

```
poisscn.cdf(k = [0,1,2,3,4,5,6,7,8,9,10],mu = 3)
```

3.4 连续型随机变量概率分布

3.4.1 概率密度与累积分布

我们前面讲过，概率质量函数是离散型随机变量所独有的，用来表示离散型随机变量在各个取值上对应概率的函数。而通过连续型随机变量的概念可以得知，连续型随机变量的所有取值不能逐个列举，那也就更没法知道每个取值的概率了。对于连续型随机变量，我们只能知道特定取值区间的概率，而不能知道特定取值的概率。

那应该怎么描述连续型随机变量的概率分布情况呢？想想前面我们在对数值型数据进行描述性分析时是怎么做的呢？是通过频率分布直方图来对数值型数据进行分析的。连续型随机变量的概率分布情况也是通过频率分布直方图推导出来的。我们在前面介绍过频率分布直方图，频率分布直方图的横轴是分组区间，纵轴是频率/组距，由横轴和纵轴会围成一个长方形。

我们现在生成 1 万个随机数，然后将这 1 万个随机数绘制成组数分别为 10 组、50 组、100 组、1000 组的频率分布直方图，结果如图 3-7 所示。

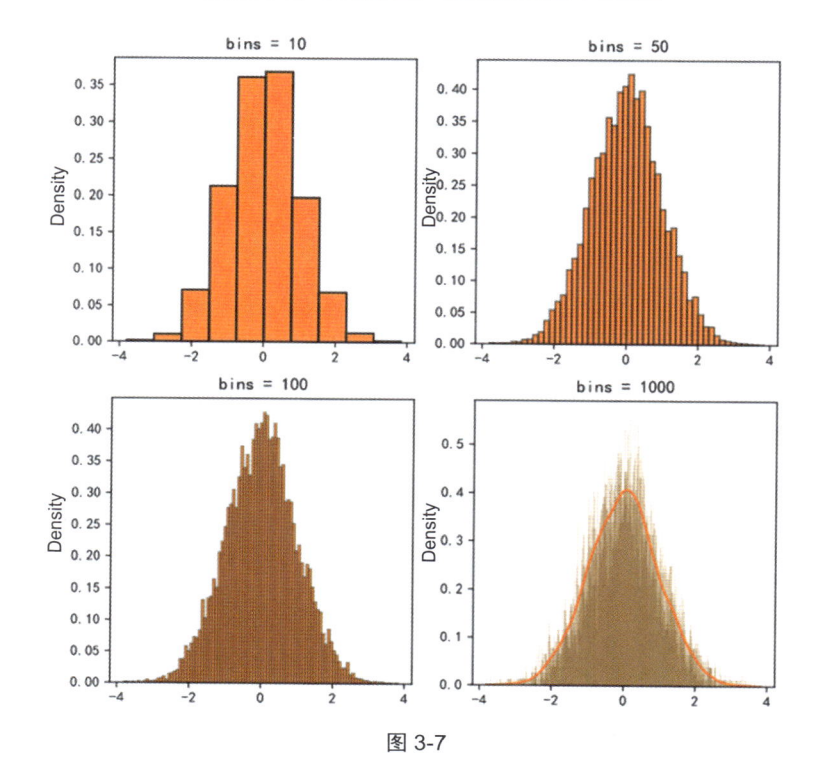

图 3-7

当组数足够多,即组距足够小时,各个长方形之间可以连接成一条光滑的曲线,这条曲线就是我们生成的 1 万个随机数对应的概率密度曲线。用来表示概率密度曲线的函数被称为概率密度函数(Probability Density Function,PDF)。

生成上面结果的 Python 代码如下。

```
import numpy as np
x = np.random.randn(10000)

plt.figure(figsize = (8,8))
plt.subplot(221)
sns.histplot(x,bins = 10,stat = 'density',color = '#FF5900')
plt.title('bins = 10')

plt.subplot(222)
sns.histplot(x,bins = 50,stat = 'density',color = '#FF5900')
plt.title('bins = 50')

plt.subplot(223)
sns.histplot(x,bins = 100,stat = 'density',color = '#FF5900')
plt.title('bins = 100')

plt.subplot(224)
sns.histplot(x,bins = 1000,stat = 'density',kde = True,color = '#FF5900')
plt.title('bins = 1000')
```

需要注意的是,概率密度曲线的纵轴并不是概率值,而是频率/组距,那如果我们想要知道某段取值区间对应的概率,应该如何计算呢?先回忆一下关于频率分布直方图的公式:

$$长方形面积 = 横轴 \times 纵轴 = 组距 \times \frac{频率}{组距} = 频率$$

根据上面公式及概率密度的定义,我们可以得出概率就是概率密度曲线下方的面积,想要求取不同取值区间对应的概率,只需要求取不同取值与概率密度曲线之间围成的面积即可。

如图 3-8 所示,两条垂直线与概率密度曲线所围成的面积代表随机变量 X 取值为 [0,1] 的概率,概率密度曲线下方的整个面积和为 1。

从上方概率密度曲线的最左边开始,然后逐渐往右,求取累积面积,即累积概率,就可以得到如图 3-9 所示的累积分布图。

图 3-8

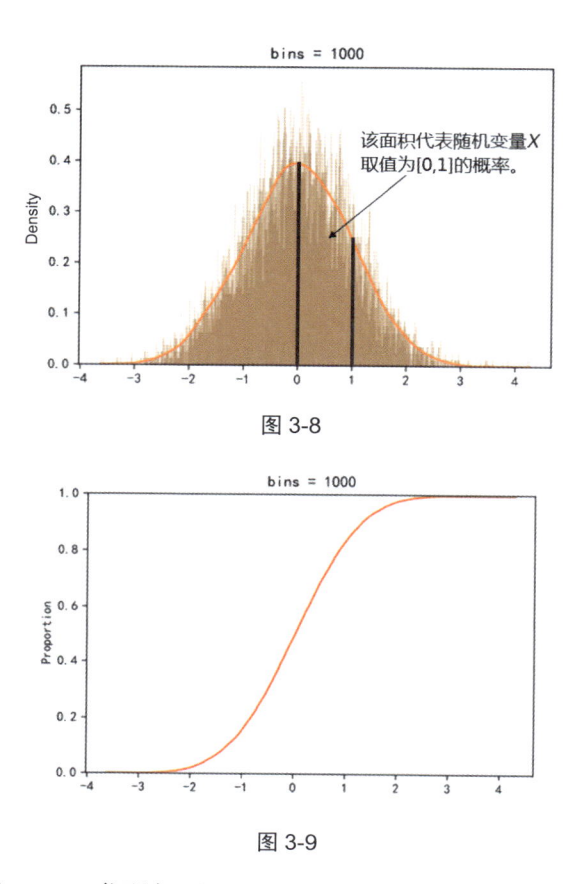

图 3-9

累积分布图的 Python 代码如下。

```
sns.ecdfplot(x,color = '#FF5900')
plt.title('bins = 1000')
```

图 3-9 的横轴为随机变量 X，纵轴为随机变量 X 小于或等于当前值时对应的累积概率，我们把用来表示上面这条曲线的函数称为累积分布函数，又叫作分布函数，是概率密度函数的积分。在 3.3.2 节中讲过，累积分布函数一般简称为 CDF。CDF 的一般函数形式如下：

$$F(x) = P(X \leqslant x) = \int_{-\infty}^{x} f(x) \mathrm{d}x$$

上式中，$f(x)$ 为概率密度函数。

如图 3-10 所示，我们知道概率密度曲线下方整体的面积是 1，而该曲线又是左右对称的，那么也就是概率密度曲线中心位置（$x=0$）的左右两侧面积各为 0.5，对应到累积分布图中时，$x=0$ 时对应的 y 值应为 0.5，即累积概率为 0.5。

图 3-10

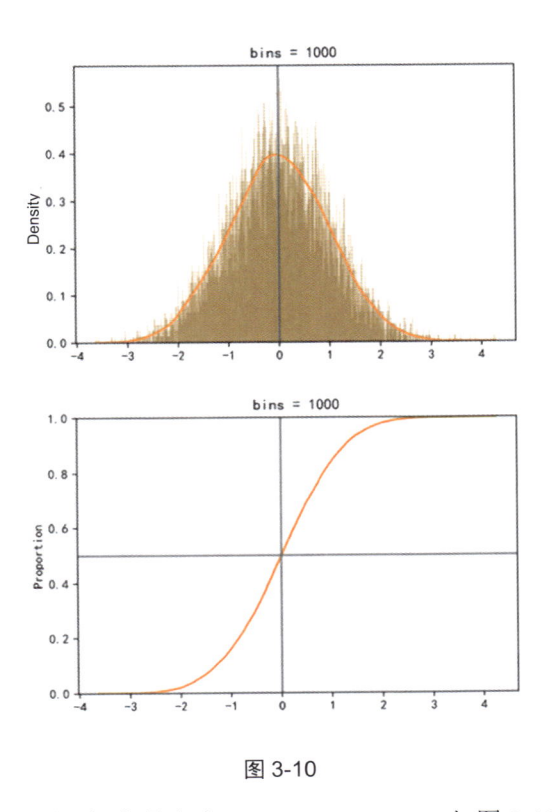

除了 CDF，连续型随机变量也有 SF，SF = 1−CDF，如图 3-11 所示为 SF 图。

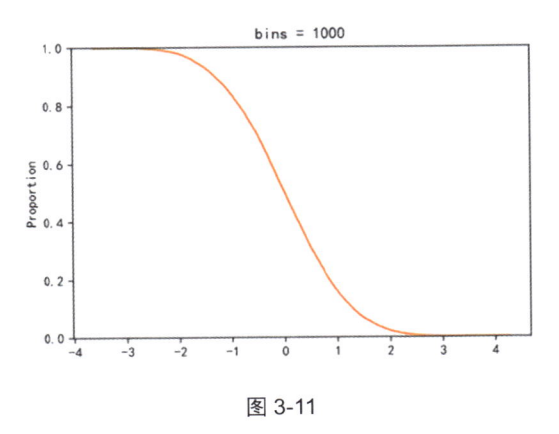

图 3-11

SF 图的 Python 代码如下。

```
sns.ecdfplot(x,complementary = True,color = '#FF5900')
plt.title('bins = 1000')
```

3.4.2 期望与方差

连续型随机变量的期望、方差表示的含义,以及计算原理与离散型随机变量是一致的。在计算连续型随机变量的期望和方差时与求取概率密度曲线时的思想是一样的,也是假设组距无限小,从而将连续型变量近似转化为离散型变量,具体公式如下。

$$E(X) = \int_{-\infty}^{+\infty} x f(x) \mathrm{d}x = \mu$$

$$D(X) = E[X - E(X)]^2 = \int_{-\infty}^{+\infty} (x-\mu)^2 f(x) \mathrm{d}x = \sigma^2$$

方差为σ^2,则标准差为σ。

3.4.3 常见连续型概率分布

1. 正态分布

理论讲解

正态分布是最基础、最普遍的一种连续型概率分布。正态分布概念由法国数学家棣莫弗(Abraham de Moivre)于1733年首次提出,后由德国数学家高斯(Gauss)率先将其应用于天文学研究,故正态分布又被称为高斯分布。

正态分布曲线左右对称,又经常被称为钟型曲线。我们日常生活中的很多现象都符合正态分布,比如,人的身高、工资收入等。

正态分布的概率密度函数如下:

$$f(x) = \frac{1}{\sqrt{2\pi\sigma^2}} e^{-\frac{1}{2}\left(\frac{x-\mu}{\sigma}\right)^2}, -\infty < x < +\infty$$

上式中,e = 2.71828…,π = 3.14159,μ为均值,σ^2为方差。

可以看到,上式中只有均值和方差是变量,其他均为常数,所以正态分布是由均值和方差这两个参数来决定的。若随机变量 X 服从均值μ和方差σ^2的正态分布,则记为 $X \sim N(\mu,\sigma^2)$。

概率密度图中最高点对应的 x 值为均值,以均值为中心呈左右对称。均值 μ 决定了概率密度曲线在横轴上的位置,标准差 σ 决定了密度图的高矮。如图3-12所示为标准差相同均值不同的正态分布概率密度图。

图 3-12

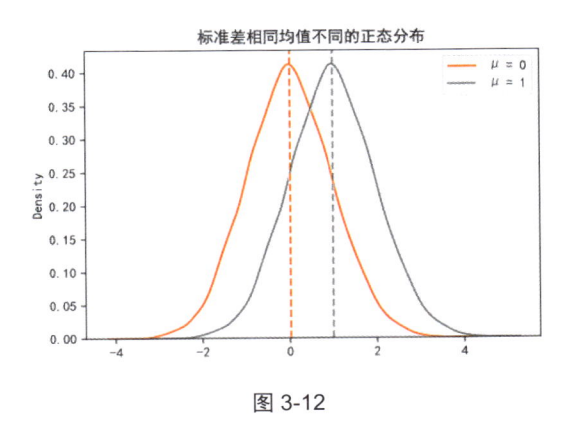

如图 3-13 所示为均值相同标准差不同的正态分布概率密度图。

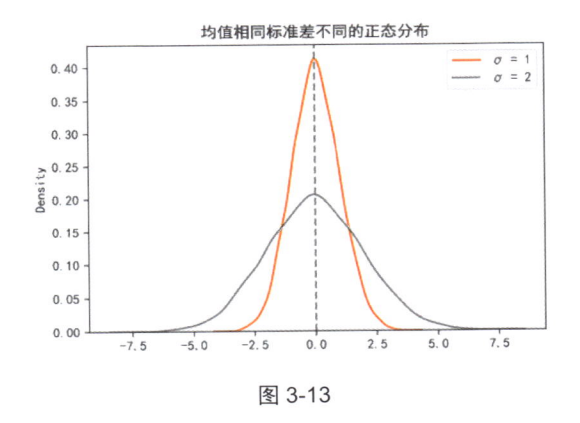

图 3-13

当一个正态分布的均值 $\mu = 0$，标准差 $\sigma = 1$ 时，这个正态分布就是标准正态分布，此时的概率密度函数如下：

$$f(x) = \frac{1}{\sqrt{2\pi}} e^{-\frac{x^2}{2}}, -\infty < x < +\infty$$

对于任意一个满足一般正态分布的随机变量 X，都可以通过标准化的方式将其转化为标准正态分布，标准化的具体公式如下：

$$Z = \frac{X - \mu}{\sigma}$$

上面公式表示让随机变量 X 中的每个值减去随机变量 X 的均值 μ，然后除以随机变量 X 的标准差 σ。标准化后的随机变量 Z 服从标准正态分布，即 $Z \sim N(0,1)$。

Excel 实现

在 Excel 中生成正态分布数据集也是用随机数发生器，打开"随机数发生器"对话框，只需要在"分布"处选择"正态"即可，具体如图 3-14 所示。

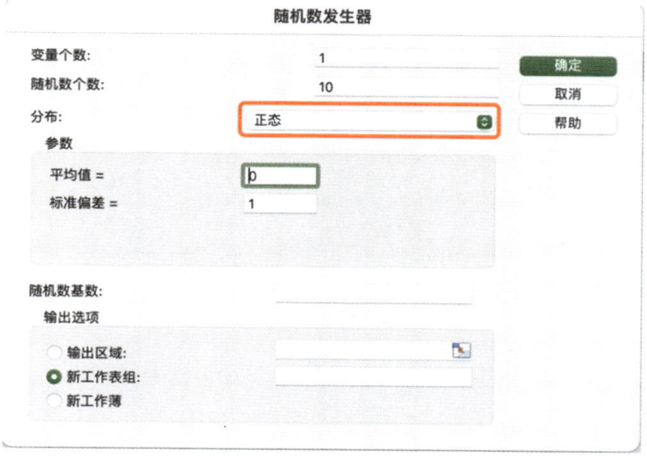

图 3-14

也可以获取不同 x 值对应的 CDF 函数值，用到的是 NORM.DIST 函数，该函数形式如下。

= NORM.DIST(x,mean,standard_dev,cumulative)

- x 表示要计算概率的 x 值；
- mean 表示正态分布的均值；
- standard_dev 表示正态分布的标准差；
- cumulative 用来表示是单点概率还是累积概率，当值为 TRUE 时表示累积概率，当值为 FALSE 时表示单点概率。

在 Excel 的任意单元格中输入下述公式，得到结果为 0.5，表示在正态分布中 x 值小于或等于 0 的概率为 0.5。

= NORM.DIST(0,0,1,TRUE)

也可以获取不同概率值对应的 x，即求 PPF 函数值，用到的是 NORM.INV 函数，该函数形式如下。

= NORM.INV(probablity,mean,standard_dev)

- probablity 表示对应的概率值；
- mean 表示正态分布的均值；
- standard_dev 表示正态分布的标准差。

在 Excel 的任意单元格中输入下述公式，得到结果为 0，表示在正态分布中累积概率为 0.5 对应的 x 值为 0。

```
= NORM.INV(0.5,0,1)
```

Python 实现

先生成一份符合标准正态分布的数据集,即均值为 0,标准差为 1 的分布,并绘制出该分布的概率密度曲线,具体实现代码如下。

```
import seaborn as sns
from scipy.stats import norm
norm_data = norm.rvs(size=1000,random_state = 0)
sns.kdeplot(norm_data,color = '#FF5900')
plt.title('标准正态分布概率密度曲线')
```

运行上面代码可以得到如图 3-15 所示的标准正态分布概率密度曲线,可以看到该图表的中心位置为 0,即均值为 0。

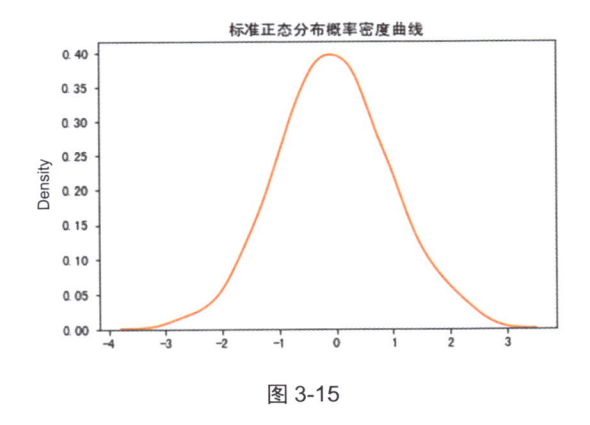

图 3-15

norm.rvs 函数默认生成的是标准正态分布的数据集,我们也可以通过调整 loc 和 scale 参数来生成满足不同均值和标准差的数据集,loc 参数用来设置均值,scale 参数用来设置标准差。比如,我们生成均值为 0、标准差为 2 和均值为 1、标准差为 1 的两个正态分布数据集,并绘制相应的概率密度曲线,具体实现代码如下。

```
norm_data_1 = norm.rvs(loc = 0,scale = 2,size=1000,random_state=0)
norm_data_2 = norm.rvs(loc = 1,scale = 1,size=1000,random_state=0)
sns.kdeplot(norm_data_1,color = '#FF5900')
sns.kdeplot(norm_data_2,color = 'grey')
plt.axvline(x = 0,color = '#FF5900',linestyle = '--')
plt.axvline(x = 1,color = 'grey',linestyle = '--')
plt.title("不同均值和标准差对应的正态分布")
plt.legend(['loc = 0 & scale = 2','loc = 1 & scale = 0'])
```

运行上面代码得到如图 3-16 所示结果。

不同均值和标准差对应的正态分布

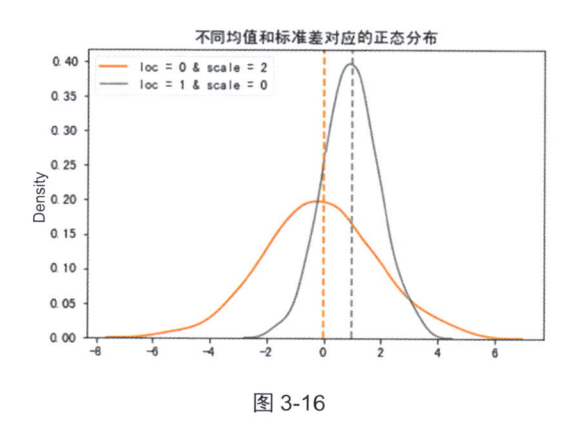

图 3-16

还可以获取该分布的期望、方差、偏度和峰度指标，具体实现代码如下。

```
norm.stats(loc=0, scale=1,moments='mvsk')
```

上面代码中，参数 moments 的参数值多了 sk，s 是偏态系数 skew 的缩写，k 是峰态系数 kurt 的缩写。运行上面代码得到如下结果。

```
(array(0.), array(1.), array(0.), array(0.))
```

标准正态分布的期望、偏态系数、峰态系数均为 0，方差为 1。

也可以获取正态分布中不同 x 值对应的 CDF 函数值，具体实现代码如下。

```
norm.cdf(x = 0, loc = 0, scale = 1)
```

运行上面代码得到结果为 0.5，表示在标准正态分布中，x 小于或等于 0 的累积概率为 0.5。

也可以同时获取多个 x 值对应的 CDF 函数值，只需要将多个 x 值以列表的形式传入即可，具体实现代码如下。

```
norm.cdf(x = [-1,0,1], loc = 0, scale = 1)
```

运行上面代码得到如下结果，分别表示 x 小于或等于 −1、0、1 时对应的累积概率。

```
array([0.15865525, 0.5, 0.84134475])
```

也可以获取与 CDF 对应的 SF 值，SF = 1 − CDF，具体实现代码如下。

```
norm.sf(x = [-1,0,1], loc = 0, scale = 1)
```

运行上面代码得到如下结果，可以看到刚好是 1 − CDF 的值。

```
array([0.84134475, 0.5, 0.15865525])
```

还可以获取与 CDF 相关的另一个函数值 PPF，具体实现代码如下。

```
norm.ppf(q = [norm.cdf(x = -1, loc = 0, scale = 1)
             ,norm.cdf(x = 0, loc = 0, scale = 1)
             ,norm.cdf(x = 1, loc = 0, scale = 1)], loc = 0, scale = 1)
```

运行上面代码得到如下结果,可以看到 PPF 值刚好是 CDF 值的逆运算,CDF 值是知道 x 值求小于或等于该 x 值时的累积概率,而 PPF 值是知道累积概率,求对应的 x 值。

```
array([-1., 0., 1.])
```

2. 卡方分布

理论讲解

假设现在有 n 个相互独立且各自都服从标准正态分布的随机变量 $Z_1, Z_2, Z_3, \cdots, Z_n$,把这 n 个变量先各自平方然后求和,就可以得到一个新的随机变量 X,这个随机变量 X 所服从的分布就是卡方分布,也叫 x_2 分布。

如表 3-5 所示,我们生成了 3 个满足标准正态分布的随机变量 Z_1、Z_2、Z_3,对这几个变量先求平方然后求和就可以得到随机变量 X。

表 3-5

	Z_1	Z_2	Z_3	X
0	-1.781042	-0.220404	0.288788	3.304086
1	0.444866	-0.037186	0.079156	0.205554
2	0.820151	0.997951	-1.473377	3.839394
3	-0.575725	1.488812	0.563474	2.865525
4	-0.434305	1.218245	-0.054905	1.675757
...	...	...	...	...
995	0.022391	-0.945183	-0.633407	1.295076
996	0.595206	-0.799990	-0.797523	1.630297
997	1.036985	1.581395	1.075632	4.733133
998	-1.525731	0.220608	-1.092425	3.569914
999	-1.422248	-0.304911	-0.180142	2.148213

变量 X 的第一个取值的计算过程如下。

$$X = (-1.78104)^2 + (-0.220404)^2 + (0.288788)^2 = 3.304086$$

绘制表 3-5 中 X 列对应的概率密度曲线,如图 3-17 所示。

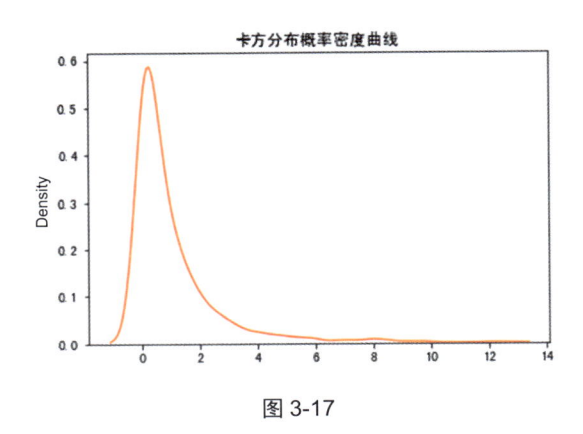

图 3-17

卡方分布的概率密度函数如下：

$$f(x) = \frac{x^{\frac{n}{2}-1} e^{-\frac{x}{2}}}{2^{\frac{n}{2}} \Gamma\left(\frac{n}{2}\right)}, \quad x > 0$$

上式中，n 为服从标准正态分布的变量个数，也称为卡方分布的自由度，在上面的例子中，$n = 3$。如果随机变量 X 服从卡方分布，则记为 $X \sim x^2(n)$。卡方分布的概率密度曲线随着自由度的不同，形状也不同，如图 3-18 所示为不同自由度对应的概率密度曲线。

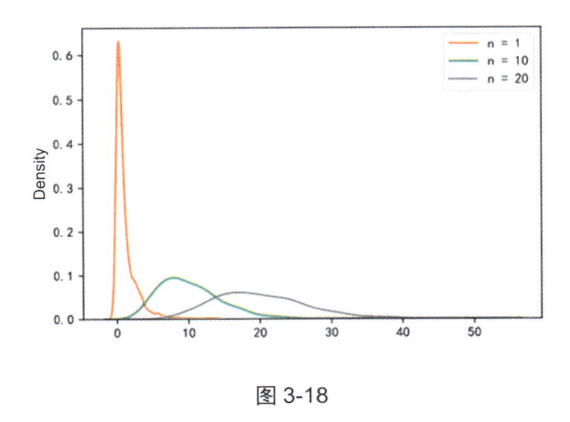

图 3-18

当自由度 n 趋于无限大时，卡方分布趋近于正态分布，如图 3-19 所示为 $n = 100$ 时的概率密度曲线，可以看到基本呈现正态分布。

第 3 章 概率和概率分布

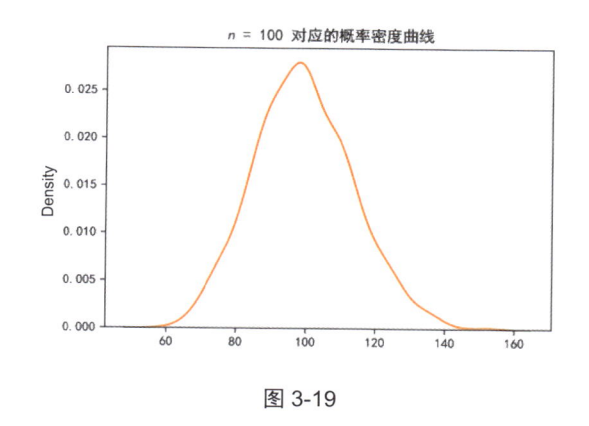

图 3-19

Excel 实现

卡方分布是通过正态分布推导来的，如果要生成随机的卡方分布数据集，则需要先生成正态分布，然后根据公式进行转换，我们前面有具体的案例，这里就不展开了。

我们看一下如何获取不同 x 值对应的 CDF 函数值，用到的是 CHISQ.DIST 函数，该函数形式如下。

= CHISQ.DIST(x,deg_freedom,cumulative)

- x 表示要计算概率的 x 值；
- deg_freedom 表示卡方分布的自由度；
- cumulative 用来表示是单点概率还是累积概率，当值为 TRUE 时表示累积概率，当值为 FALSE 时表示单点概率。

在 Excel 的任意单元格中输入下述公式，得到结果为 0.8427，表示在卡方分布中 x 值小于或等于 2 的概率为 0.8427。

= CHISQ.DIST(2,1,TRUE)

也可以获取不同概率对应的 x 值，即求 PPF 函数值，用到的是 CHISQ.INV 函数，该函数形式如下。

= CHISQ.INV(probablity,deg_freedom)

- probablity 表示对应的概率值；
- deg_freedom 表示卡方分布的自由度。

在 Excel 的任意单元格中输入下述公式，得到结果为 2.0，表示在卡方分布中累积概率 0.8427 对应的 x 值为 2。

= CHISQ.INV(0.8427,1)

Python 实现

先生成一份符合卡方分布的数据集，并绘制出该分布的概率密度曲线，具体实现代码如下。

```
import seaborn as sns
from scipy.stats import chi2
chi2_data = chi2.rvs(df = 1, size=1000,random_state = 0)#df 为
sns.kdeplot(chi2_data,color = '#FF5900')
plt.title('卡方分布概率密度曲线')
```

运行上面代码，输出效果如图 3-20 所示，该图表就是自由度为 1 的卡方分布概率密度曲线。

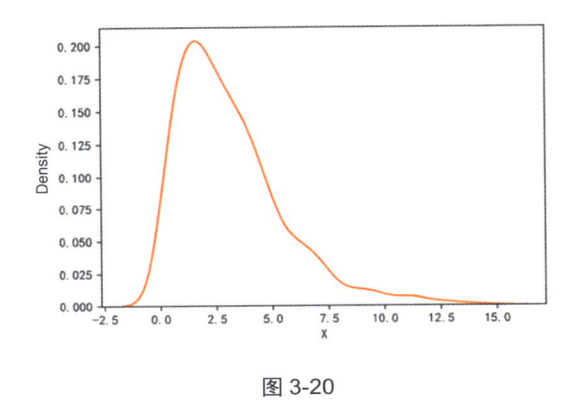

图 3-20

卡方分布中获取其他指标的方法与正态分布是一样的，获取分布的统计指标，代码如下。

```
chi2.stats(df = 1,moments='mvsk')
```

获取 x = 2 时对应的 CDF 函数值，代码如下。

```
chi2.cdf(x = 2,df = 1)
```

获取 x = 2 时对应的 SF 函数值，代码如下。

```
chi2.sf(x = 2,df = 1)
```

获取 q = chi2.cdf(x = 2,df = 1)时对应的 x 值，代码如下。

```
chi2.ppf(q = chi2.cdf(x = 2,df = 1),df = 1)
```

3. t 分布

理论讲解

卡方分布是通过 n 个相互独立且服从标准正态分布的变量推导出来的，t 分布是

根据相互独立的标准正态分布和卡方分布推导出来的。假设随机变量 Z 服从标准正态分布，随机变量 X 服从自由度为 n 的卡方分布，且两变量之间相互独立，把这两个变量按照如下公式进行组合就可以生成一个新的随机变量 T。

$$T = \frac{Z}{\sqrt{\frac{X}{n}}}$$

随机变量 T 所服从的分布就是 t 分布，记为 $T \sim t(n)$，n 为自由度，与服从卡方分布的随机变量 X 的自由度是等同的。

还是用卡方分布中的数据样例，假设 Z_1 为标准正态分布，X 为 Z_1、Z_2、Z_3 这 3 个标准正态分布合成的满足自由度为 3 的卡方分布，则随机变量 T 为：

$$T = \frac{Z_1}{\sqrt{\frac{X}{3}}}$$

根据随机变量 T 的公式可以生成新的一列 T，具体如表 3-6 所示。

表 3-6

	Z_1	Z_2	Z_3	X	T
0	−1.781042	−0.220404	0.288788	3.304086	−1.697106
1	0.444866	−0.037186	0.079156	0.205554	1.699522
2	0.820151	0.997951	−1.473377	3.839394	0.724975
3	−0.575725	1.488812	0.563474	2.865525	−0.589079
4	−0.434305	1.218245	−0.054905	1.675757	−0.581098
...	...	...	...	...	...
995	0.022391	−0.945183	−0.633407	1.295076	0.034078
996	0.595206	−0.799990	−0.797523	1.630297	0.807410
997	1.036985	1.581395	1.075632	4.733133	0.825579
998	−1.525731	0.220608	−1.092425	3.569914	−1.398652
999	−1.422248	−0.304911	−0.180142	2.148213	−1.680727

变量 T 的第一个取值的计算过程如下。

$$T_1 = \frac{-1.781042}{\sqrt{\frac{3.304086}{3}}}$$

t 分布的概率密度曲线随着自由度的不同，形状也不同，如图 3-21 所示为不同自由度 n 对应的概率密度曲线。

图 3-21

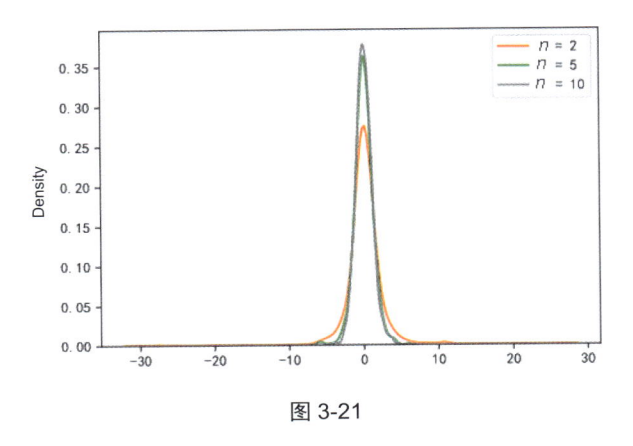

当自由度 n 趋于无限大时，t 分布趋近于标准正态分布。

Excel 实现

t 分布也是通过正态分布推导来的，关于如何生成 t 分布数据集，这里就不展开了。

我们看一下如何获取不同 x 值对应的 CDF 函数值，用到的是 T.DIST 函数，该函数形式如下。

```
= T.DIST(x,deg_freedom,cumulative)
```

- x 表示要计算概率的 x 值；
- deg_freedom 表示 t 分布的自由度；
- cumulative 用来表示是单点概率还是累积概率，当值为 TRUE 时表示累积概率，当值为 FALSE 时表示单点概率。

在 Excel 的任意单元格中输入下述公式，得到结果为 0.9490，表示在 t 分布中 x 值小于或等于 2 的概率为 0.9490。

```
= T.DIST(2,5,TRUE)
```

也可以获取不同概率对应的 x 值，即求 PPF 函数值，用到的是 T.INV 函数，该函数形式如下。

```
= T.INV(probablity,deg_freedom)
```

- probablity 表示对应的概率值；
- deg_freedom 表示 t 分布的自由度。

在 Excel 的任意单元格中输入下述公式，得到结果为 2.0，表示在 t 分布中累积概率 0.9490 对应的 x 值为 2。

```
= T.INV(0.9490,5)
```

Python 实现

先生成一份符合 t 分布的数据集,并绘制出该分布的概率密度曲线,具体实现代码如下。

```python
import seaborn as sns
from scipy.stats import t
t_data = t.rvs(df = 5, size = 1000,random_state = 0)
sns.kdeplot(t_data,color = '#FF5900')
plt.title('t 分布概率密度曲线')
```

运行上面代码,输出效果如图 3-22 所示,该图表就是自由度为 5 的 t 分布概率密度曲线。

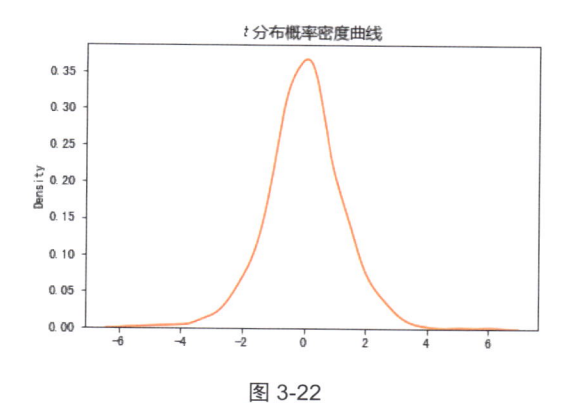

图 3-22

t 分布中获取其他指标的方法与正态分布是一样的,获取分布的统计指标,代码如下。

```python
t.stats(df = 5,moments = 'mvsk')
```

获取 $x=2$ 时对应的 CDF 函数值,代码如下。

```python
t.cdf(x = 2,df = 5)
```

获取 $x=2$ 时对应的 SF 函数值,代码如下。

```python
t.sf(x = 2,df = 5)
```

获取 $q=t.cdf(x=2,df=5)$ 时对应的 x 值,代码如下。

```python
t.ppf(q = t.cdf(x = 2,df = 5),df = 5)
```

4. F 分布

理论讲解

假设随机变量 X_m 服从自由度为 m 的卡方分布,随机变量 X_n 服从自由度为 n 的卡方分布，且随机变量 X_m 和 X_n 之间相互独立，把这两个变量按照如下公式进行组合就可以生成一个新的随机变量 X。

$$X = \frac{\frac{X_m}{m}}{\frac{X_n}{n}}$$

随机变量 X 所服从的分布就叫作 F 分布，记为 $X \sim F(m,n)$。

F 分布的概率密度曲线由 m 和 n 两个自由度决定，如图 3-23 所示为不同 m 和 n 对应的概率密度曲线。

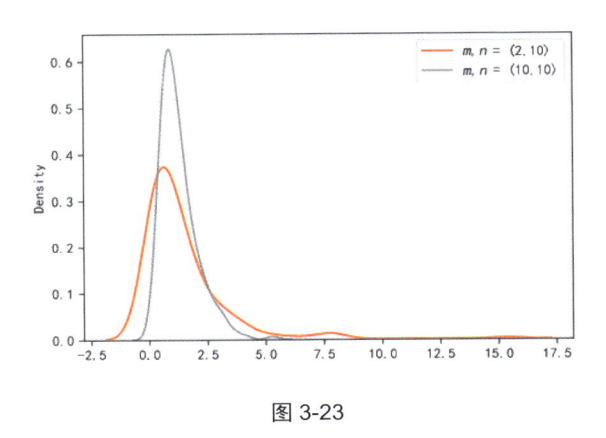

图 3-23

Excel 实现

F 分布是通过卡方分布推导来的，我们看一下如何获取不同 x 值对应的 CDF 函数值，用到的是 F.DIST 函数，该函数形式如下。

= F.DIST(x,deg_freedom1,deg_freedom2,cumulative)

- x 表示要计算概率的 x 值；
- deg_freedom1 表示 F 分布的第一个自由度；
- deg_freedom2 表示 F 分布的第二个自由度；
- cumulative 用来表示是单点概率还是累积概率，当值为 TRUE 时表示累积概率，当值为 FALSE 时表示单点概率。

在 Excel 的任意单元格中输入下述公式，得到结果为 0.8809，表示在 F 分布中 x 值小于或等于 2 的概率为 0.8809。

= F.DIST(2,45,10,TRUE)

也可以获取不同概率对应的 x 值，即求 PPF 函数值，用到的是 F.INV 函数，该函数形式如下。

= F.INV(probablity,deg_freedom1,deg_freedom2)

- probablity 表示对应的概率值；
- deg_freedom1 表示 F 分布的第一个自由度；
- deg_freedom2 表示 F 分布的第二个自由度。

在 Excel 的任意单元格中输入下述公式，得到结果为 2.0，表示在 F 分布中累积概率 0.8809 对应的 x 值为 2。

= F.INV(0.8809,45,10)

Python 实现

先生成一份符合 F 分布的数据集，并绘制出该分布的概率密度曲线，具体实现代码如下。

```
import seaborn as sns
from scipy.stats import f
f_data = f.rvs(dfn = 45, dfd = 10, size = 10000)
sns.kdeplot(f_data,color = '#FF5900')
plt.title('F 分布概率密度曲线')
```

运行上面代码，输出效果如图 3-24 所示，该图表就是自由度为 (45,10) 的 F 分布概率密度曲线。

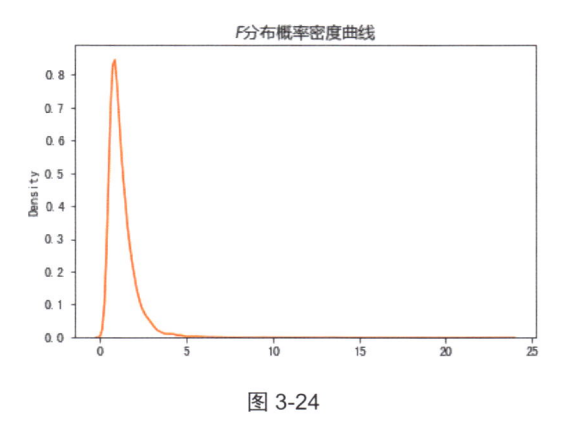

图 3-24

F 分布中获取其他指标的方法与正态分布是一样的，获取分布的统计指标，代码如下。

```
f.stats(dfn = 45, dfd = 10,moments = 'mvsk')
```

获取 x = 2 时对应的 CDF 函数值，代码如下。

```
f.cdf(x = 2,dfn = 45, dfd = 10)
```

获取 x = 2 时对应的 SF 函数值，代码如下。

```
f.sf(x = 2,dfn = 45, dfd = 10)
```

获取 q = t.cdf(x = 2,df = 5)时对应的 x 值，代码如下。

```
f.ppf(q = f.cdf(x = 2,dfn = 45, dfd = 10),dfn = 45, dfd = 10)
```

第 4 章
抽样推断与参数估计

4.1 抽样推断与参数估计在数据分析中的应用场景

参数估计是在已知某个概率分布的基础上根据样本数据来对总体数据进行推断的。

很多时候我们没法对研究对象的全部进行调查研究,因为把研究对象的全部数据都收集到是不太现实的。比如,我们要研究全国人民的收入情况,不太可能把每个人的工资信息都获取到;再如,我们要检查一款新产品的质量怎么样,也不太可能把这一批新产品全部使用一遍。这时,就可以从我们要研究的全部对象中随机抽取部分对象进行研究,然后用这部分抽样的结果来对全部对象进行推断。

4.2 抽样的基本概念

4.2.1 总体和样本

总体是我们要研究的对象的全部,比如,我们要研究全国人民的收入情况,那么全国人民就是我们的研究总体。

样本是从总体中随机抽取出来的部分研究对象。从全国人民中随机抽取部分人群就构成了研究样本。图 4-1 所示为总体和样本的关系。

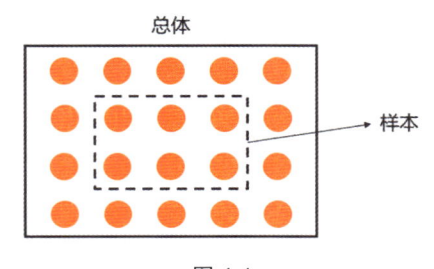

图 4-1

总体的数据量称为总体容量，样本的数据量称为样本容量。一般将样本容量大于 30 的样本称为大样本，小于 30 的样本称为小样本。

4.2.2 常用统计量

由抽样出来的样本进行各种计算以后得到的用来反映样本特征的指标被称为样本统计量。常用的样本统计量有如下几种。

假设（$X_1, X_2, X_3, \cdots, X_n$）是总体 X 对应的样本容量为 n 的样本。

- 样本平均数（x）：

$$x = \frac{X_1 + X_2 + \cdots + X_n}{n} = \frac{\sum_{i=1}^{n} X_i}{n}$$

- 样本方差（S^2）：

$$S^2 = \frac{(X_1 - x)^2 + (X_2 - x)^2 + \cdots + (X_n - x)^2}{n - 1} = \frac{\sum_{i=1}^{n}(X_i - x)^2}{n - 1}$$

这里面需要注意的是，样本方差的公式中分母为 $n-1$，而非 n。

- 样本标准差（S）：

对方差进行开根号就可以得到标准差 S。

- 样本变异系数（V）：

$$V = \frac{S}{x}$$

变异系数用来反映以均值为基准的数据离散程度，我们前面有讲过标准差也是用来描述数据离散程度的，那这两者之间有什么关系吗？标准差容易受到数据量级的影响。比如，现在有两组样本：样本 1 的均值为 10、标准差为 10；样本 2 的均值为 1000、标准差为 1000。如果单纯比较标准差 10 和标准差 1000，那肯定标准差等于 1000 的样本更离散，但是如果再把均值考虑进去，就知道标准差之所以大的原因是因为均值也大。如果计算两组样本的变异系数都等于 1，则说明两组样本在以均值为基准时，离散程度是一样的。

4.3 常用的抽样方式

在学术届，抽样方式有很多种，但在实际工作中常用的抽样方式主要有简单随机抽样和分层抽样两种。

4.3.1 简单随机抽样

简单随机抽样就是从总体中随机抽取若干样本出来。有点类似抓阄的意思，闭着眼睛随机抓，抓到哪个算哪个。

如图 4-2 所示，我们从 20 个球（10 个橙色+10 个灰色）中随机抽取 6 个球（2 个橙色+4 个灰色），就是简单随机抽样。

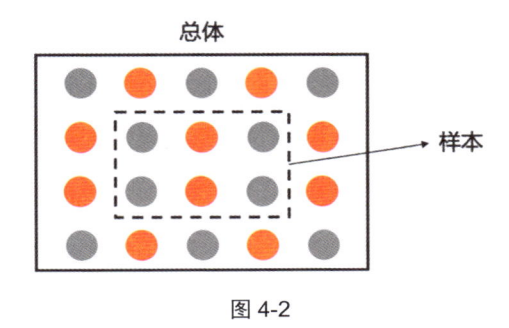

图 4-2

4.3.2 分层抽样

分层抽样是先将总体按照某种特征或规则分成不同的层，然后从不同的层中进行简单随机抽样，最后将不同层得到的样本进行合并，得到总的样本。

如图 4-3 所示，我们先将球按照颜色分成橙色和灰色两层，然后在不同的层中随机抽取 3 个球，最后把两个层中得到的球加起来，就是我们的样本。

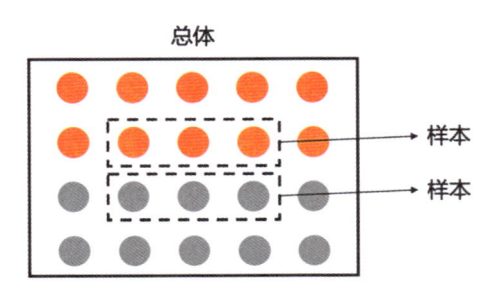

图 4-3

采用分层抽样得到的 6 个球是由 3 个橙色和 3 个灰色组成的，而采用简单随机抽样得到的 6 个球是由 2 个橙色和 4 个灰色组成的，可以看到采用分层抽样得到的样本要比简单随机抽样得到的样本更加均匀，更具有代表性。

4.4 为什么样本可以代表总体

我们前面讲的抽样推断是用样本的统计结果来对总体的统计结果进行推断的，那为什么样本可以代表总体呢？这主要依赖于两个定理：中心极限定理和大数定理。

4.4.1 中心极限定理

假设现在有一个总体容量为 N 的数据集，从中随机抽取样本容量为 n 的样本，并把这个随机抽取过程重复 m 遍，最后就可以得到 m 个样本容量为 n 对应的样本均值，因为是随机抽取的，所以这 m 个均值肯定不可能完全一样，而应该符合某种分布。通过试验证明，这个分布为近似正态分布。这就是中心极限定理中的其中一项内容。

如图 4-4 所示，我们生成 10000 个随机数，这 10000 个随机数基本都是均匀分布的，即每个值出现的概率是差不多的。

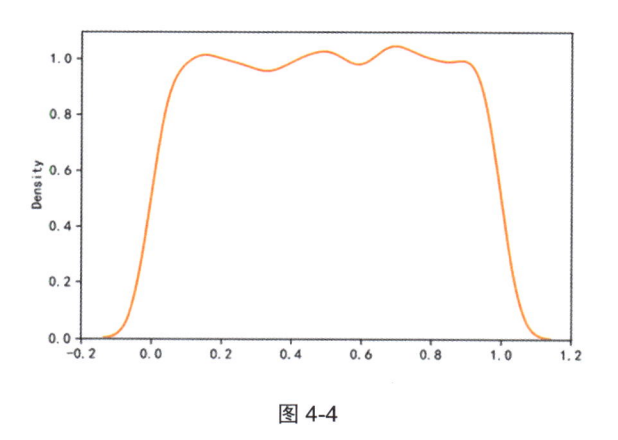

图 4-4

生成上面结果的 Python 代码如下。

```
import numpy as np
import seaborn as sns
data = np.random.rand(10000)
sns.kdeplot(data,color = '#FF5900')
```

我们从上面生成的 10000 个随机数中，分别随机抽取 30 个、50 个、100 个、500 个样本，并重复抽取 100 次，最后绘制这 100 个不同样本容量对应的样本均值所服从的分布，如图 4-5 所示。

图 4-5

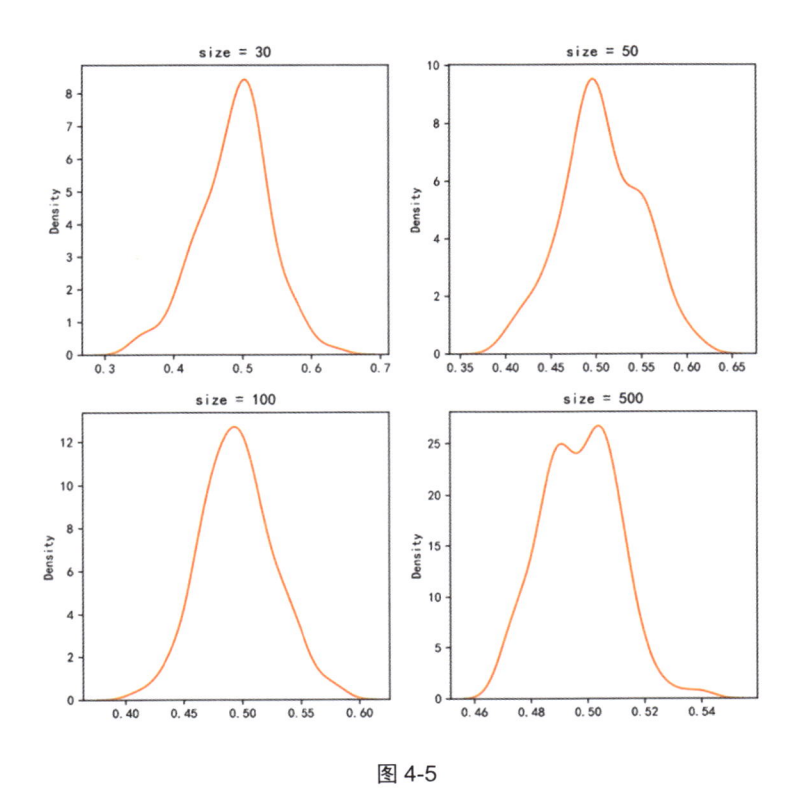

可以看到，不同样本容量对应的样本均值所服从的分布基本都接近正态分布。生成上面结果的 Python 代码如下。

我们分别求取总体均值和不同样本容量对应样本均值的均值，得到如下结果。

```
总体的均值：0.49895819331832736
样本容量 30 的均值：0.48847285069941726
样本容量 50 的均值：0.5058090349986447
样本容量 100 的均值：0.4959861778757887
样本容量 500 的均值：0.4972787812431078
```

可以看到，总体均值与不同样本容量对应样本均值的均值是相近的，生成上面结果的 Python 代码如下。

```
print("总体的均值：{}".format(np.mean(data)))
print("样本容量 30 的均值：{}".format(np.mean(sample_mean_30)))
print("样本容量 50 的均值：{}".format(np.mean(sample_mean_50)))
print("样本容量 100 的均值：{}".format(np.mean(sample_mean_100)))
print("样本容量 500 的均值：{}".format(np.mean(sample_mean_500)))
```

这是中心极限定理的第二项内容，即由样本均值所组成分布的均值与总体的均值是接近的。

我们再分别求取总体方差和不同样本容量对应样本均值的方差与样本容量的乘积，得到如下结果。

```
总体的方差：0.08345698433384365
样本容量 30 的方差*30：0.07791419328475502
样本容量 50 的方差*50：0.09284691844991987
样本容量 100 的方差*100：0.09365849897017567
样本容量 500 的方差*500：0.08529366961235899
```

可以看到，总体方差与不同样本容量对应样本均值的方差再乘样本容量的结果是相近的，生成上面结果的 Python 代码如下。

```python
print("总体的方差：{}".format(np.var(data)))
print("样本容量 30 的方差*30: {}".format(np.var(sample_mean_30)*30))
print("样本容量 50 的方差*50: {}".format(np.var(sample_mean_50)*50))
print("样本容量 100 的方差*100: {}".format(np.var(sample_mean_100)*100))
print("样本容量 500 的方差*500: {}".format(np.var(sample_mean_500)*500))
```

这是中心极限定理的第三项内容，即由样本均值所组成分布的方差乘样本容量与总体方差是比较接近的。

完整的中心极限定理的内容为：已知总体的均值为 μ，方差为 σ^2，从该总体中抽取样本容量为 n 的样本，当样本 n 足够大时（一般大于 30），样本均值 x 的分布近似正态分布，且该正态分布的均值也为 μ，方差为 σ^2/n。

4.4.2 大数定理

与中心极限定理比较类似的另一个概念是大数定理，大数定理是指：随着样本容量 n 的不断增加，样本均值将越来越接近于总体期望。我们在前面介绍过期望的概念，它可以近似等同于均值，也就是随着样本容量 n 的增加，样本均值越来越接近于总体均值。

接下来，我们用数据模拟一下，先随机生成 100000 个值，把这 100000 个值作为总体，然后随机从这 100000 里抽取 100,200,300,…,99900,100000，针对每次抽取出来的样本计算一个均值，最后会得到 99900 个均值，我们把这些均值按照样本容量从小到大排序，最后绘制出均值趋势图，如图 4-6 所示。

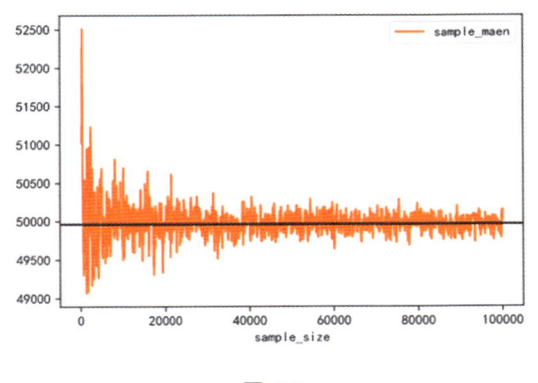

图 4-6

如图 4-6 所示的黑色水平线代表总体均值。可以看出，随着样本容量 n 的不断增加，样本均值的波动幅度越来越小，越接近于总体均值。生成上面结果的 Python 代码如下。

```
import numpy as np
all_value = np.random.randint(1,100000,100000)
sample_size = []
sample_maen = []
for i in range(100,100000,100):
    sample_size.append(i)
    sample_maen.append(np.random.choice(all_value,i).mean())

pd.DataFrame({"sample_size":sample_size,"sample_maen":sample_maen}).set_index(
"sample_size").plot(color = "#FF5900")
plt.axhline(all_value.mean(),color = "black")
```

4.5 参数估计的基本方法

参数估计是用样本数据来对总体参数的取值进行估计的，比如，用样本均值来对总体均值进行估计，一般主要有两种估计方法：点估计和区间估计。

4.5.1 点估计

假如现在想要知道全国人民的平均月收入水平，可以从全国人民中随机抽取 100000 人，计算这 100000 人的平均月收入为 6000 元，就可以用这 100000 人的平均月收入代表全国人民的平均月收入水平。我们把这种直接用样本统计量作为总体参数估计值的方法称为点估计。

需要注意的是，点估计不仅可以估计总体的均值，还可以估计总体的方差和标准差，也是用样本方差和标准差作为总体的估计值。

4.5.2 区间估计

点估计是估计总体参数可能的具体取值。虽然我们用的是随机抽样，样本在一定程度上可以代表总体，但是样本统计量和总体参数之间完全相等还是比较难的。所以需要引入新的估计方法，即区间估计。区间估计就是估计总体参数可能的取值区间，比如，通过样本计算出全国人民的月收入水平为 5000 元到 7000 元，[5000,7000]就是一个区间。用区间估计法估计出来的具体区间称为置信区间。

置信区间是通过在样本统计量（点估计值）的基础上加减抽样误差得到的，抽样误差是由随机抽样导致的样本统计量和总体参数之间的差异。图 4-7 所示为置信区间的图示。

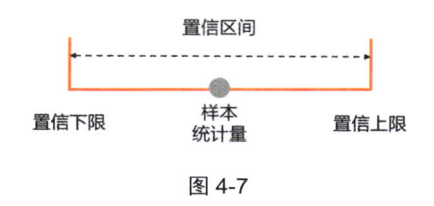

图 4-7

与置信区间相对应的一个概念是置信度，置信度用来衡量置信区间中包含总体参数的把握（信心）有多大。这个把握或者信心被称为置信度，也被称为置信水平。比如，我有 95%的把握估计我的高考分数在 600～650 分，这里的置信区间就是[600,650]，置信度就是 95%。

置信水平 $= 1 - \alpha$，α 表示显著性水平，显著性水平在第 5 章介绍。一般置信水平的取值为 95%。

置信度和置信区间是同时出现的，在多少置信水平下的置信区间为多少。置信度和置信区间是同向的，即置信度和置信区间一般是相同趋势的。当置信度很高时，置信区间也会很大；当置信区间很大时，置信度也会很高。

比如，我有 100% 的把握估计我的高考分数会在 0～750 分，这里的置信区间[0,750] 包含了所有分数的可能，那置信度肯定是 100%。

4.6 区间估计的类型

区间估计的类型可以根据我们要估计参数个数的多少分为，一个总体参数的区间估计和两个总体参数的区间估计。

4.6.1 一个总体参数的区间估计

一个总体参数的区间估计主要估计总体均值的置信区间、总体比例的置信区间和总体方差的置信区间。

1. 估计总体均值的置信区间

理论讲解

假设总体均值为μ，方差为σ^2，现在从该总体中抽取样本容量为 n 的样本，总体均值的区间估计就是通过这 n 个样本数据来估计总体均值μ可能的取值区间。根据中心极限定理，当样本 n 足够大时，样本均值$\bar{x}$服从均值为μ，方差为σ^2/n的正态分布。可表示为如下形式。

$$\bar{x} \sim N\left(\mu, \frac{\sigma^2}{n}\right)$$

通过对样本均值$\bar{x}$进行标准化以后，得到的随机变量 z 则服从标准正态分布。

$$z = \frac{\bar{x} - \mu}{\sigma/\sqrt{n}} \sim N(0,1)$$

在标准正态分布中，z 值与置信水平的关系如下。

$$P\left(-z_{\frac{\alpha}{2}} \leqslant z \leqslant z_{\frac{\alpha}{2}}\right) = 1 - \alpha$$

图 4-8 所示为正态分布概率与置信水平关系图。

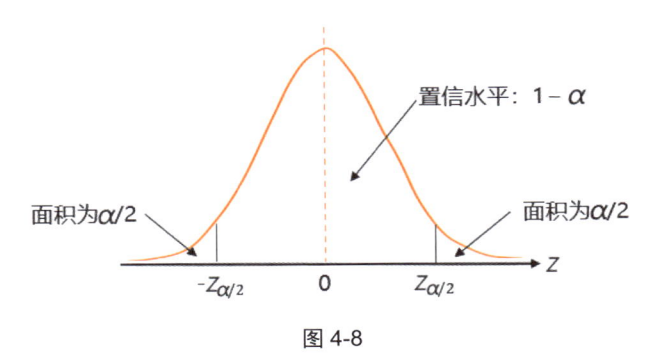

图 4-8

z 为 x 轴的取值，$-z_{\frac{\alpha}{2}}$表示标准正态分布中最左侧面积为$\frac{\alpha}{2}$时对应的 z 值，$z_{\frac{\alpha}{2}}$表示标准正态分布中最右侧面积为$\frac{\alpha}{2}$时对应的 z 值，$P\left(-z_{\frac{\alpha}{2}} < z < z_{\frac{\alpha}{2}}\right)$表示 z 值介于$\left[-z_{\frac{\alpha}{2}}, z_{\frac{\alpha}{2}}\right]$之间的概率。

将上述公式进行变形化简，可得：

$$-z_{\frac{\alpha}{2}} \leqslant z \leqslant z_{\frac{\alpha}{2}}$$

$$-z_{\frac{\alpha}{2}} \leqslant \frac{\bar{x} - \mu}{\sigma/\sqrt{n}} \leqslant z_{\frac{\alpha}{2}}$$

$$-z_{\frac{\alpha}{2}}\frac{\sigma}{\sqrt{n}} \leqslant x - \mu \leqslant z_{\frac{\alpha}{2}}\frac{\sigma}{\sqrt{n}}$$

$$-x - z_{\frac{\alpha}{2}}\frac{\sigma}{\sqrt{n}} \leqslant -\mu \leqslant -x + z_{\frac{\alpha}{2}}\frac{\sigma}{\sqrt{n}}$$

$$x - z_{\frac{\alpha}{2}}\frac{\sigma}{\sqrt{n}} \leqslant \mu \leqslant x + z_{\frac{\alpha}{2}}\frac{\sigma}{\sqrt{n}}$$

综上所述，总体均值 μ 在 $1-\alpha$ 置信水平下的置信区间为：

$$\left[x - z_{\frac{\alpha}{2}}\frac{\sigma}{\sqrt{n}}, x + z_{\frac{\alpha}{2}}\frac{\sigma}{\sqrt{n}}\right]$$

表 4-1 所示为标准正态分布中常用的置信水平与其对应的 z 值。

表 4-1

置信水平	$-z_{\frac{\alpha}{2}}$	$z_{\frac{\alpha}{2}}$
90%	−1.64	1.64
95%	−1.96	1.96
99%	−2.58	2.58

有时候总体方差也是未知的，只要样本足够大，就可以用样本方差 s^2 来代替总体方差，此时的置信区间为：

$$\left[x - z_{\frac{\alpha}{2}}\frac{s}{\sqrt{n}}, x + z_{\frac{\alpha}{2}}\frac{s}{\sqrt{n}}\right]$$

Excel 实现

已知某平台整体用户的在线时长符合正态分布，从整体用户中随机挑选 100 名，对这 100 名用户进行计算，得到样本均值为 20min，样本标准差为 35，现需要计算在 95% 置信水平下平台整体用户在线时长的置信区间。

在 Excel 中计算置信区间可以使用 CONFIDENCE.NORM 函数，该函数形式如下。

= CONFIDENCE.NORM(alpha,standard_dev,size)

- alpha 表示显著性水平；
- standard_dev 表示样本标准差；
- size 表示样本量 n。

置信区间如下。

[x_mean - CONFIDENCE.NORM(),x_mean + CONFIDENCE.NORM()]

在 Excel 的任意单元格中输入下述公式，得到结果为 6.8599。

= CONFIDENCE.NORM(0.05,35,100)

最后得到置信区间如下。

```
[20 - 6.8599,20 + 6.8599]
```

Python 实现

在 Python 中计算置信区间时可以套用置信区间的公式，也可以直接利用现成的函数进行计算。

先来看一下套用置信区间公式应该如何计算，代码如下。

```
from scipy.stats import norm
x_mean = 20 #样本均值
x_std = 35 #样本标准差
n = 100 #样本量
alpha = 0.05 #显著性水平
z_alpha = norm.ppf(q = 1 - alpha/2) #显著性水平对应的 z 值
ci_lower = x_mean - z_alpha*x_std/np.sqrt(n) #置信区间下限
ci_upper = x_mean + z_alpha*x_std/np.sqrt(n) #置信区间上限
(ci_lower,ci_upper)
```

运行上面代码得到如下结果。

```
(13.140612605410981, 26.85987394589019)
```

也可以直接利用 interval 函数进行计算，代码如下。

```
from scipy.stats import norm
x_mean = 20 #样本均值
x_std = 35 #样本标准差
n = 100 #样本量
alpha = 0.05 #显著性水平
norm.interval(alpha = 1 - alpha,loc = x_mean,scale = x_std / np.sqrt(n))
```

上述代码中，参数 alpha 表示置信水平，loc 表示样本均值，scale 表示样本标准误差，即 $\frac{s}{\sqrt{n}}$，这是在样本标准差的基础上除以样本量 n 的平方根得到的，运行上面代码得到的结果与套用公式得到的结果是一样的。

2. 估计总体比例的置信区间

理论讲解

对于比例指标，我们假设其总体是服从两点分布的，即每个学生要么是男生，要么是女生。假设总体比例为 π，方差为 $\pi(1-\pi)$，现从该总体中抽取样本容量为 n 的样本，总体比例的区间估计就是通过这 n 个样本数据来估计总体比例 π 可能的取值区间。根据中心极限定理，当 n 足够大时，样本比例 p 符合均值为 π，方差为 $\frac{\pi(1-\pi)}{n}$ 的正态分布，可表示为如下形式：

$$p \sim N\left(\pi, \frac{\pi(1-\pi)}{n}\right)$$

对样本比例 p 进行标准化以后，得到的随机变量 z 也服从标准正态分布：

$$z = \frac{p - \pi}{\sqrt{\frac{\pi(1-\pi)}{n}}} \sim N(0,1)$$

到这里就与均值区间估计的转换过程一样了，最后得到了总体比例π在 $1-\alpha$ 置信水平下的置信区间，为：

$$\left[p - z_{\frac{\alpha}{2}}\sqrt{\frac{\pi(1-\pi)}{n}}, p + z_{\frac{\alpha}{2}}\sqrt{\frac{\pi(1-\pi)}{n}}\right]$$

在实际情况中，总体比例π是未知的，所以就用样本比例 p 代替总体比例π，此时总体比例的置信区间就变为：

$$\left[p - z_{\frac{\alpha}{2}}\sqrt{\frac{p(1-p)}{n}}, p + z_{\frac{\alpha}{2}}\sqrt{\frac{p(1-p)}{n}}\right]$$

Excel 实现

为了估计平台用户对某项活动的接受度，从整体用户中随机挑选 100 名，对这 100 名用户进行调研得到接受度为 60%，现需要计算在 95%置信水平下平台整体用户对该项活动接受度的置信区间。

在 Excel 中计算总体比例的置信区间与计算总体均值的置信区间的方法一样，差别在于标准差的不同。总体比例的标准差为 $\sqrt{p(1-p)}$。

在 Excel 的任意单元格中输入下述公式，得到结果 0.096。

```
= CONFIDENCE.NORM(0.05,SQRT(0.6*(1-0.6)),100)
```

最后得到置信区间如下。

```
[0.6 - 0.096,0.6 + 0.096]
```

Python 实现

在 Python 中，计算总体比例的置信区间，同样可以套用置信区间的公式，也可以直接利用现成的函数进行计算。

先来看下一套用置信区间公式应该如何计算，代码如下。

```
from scipy.stats import norm
p = 0.60 #样本比例
```

```
n = 100 #样本量
alpha = 0.05 #显著性水平
z_alpha = norm.ppf(q = 1 - alpha/2) #显著性水平对应的 z 值
ci_lower = p - z_alpha*np.sqrt(p*(1-p)/n) #置信区间下限
ci_upper = p + z_alpha*np.sqrt(p*(1-p)/n) #置信区间上限
(ci_lower,ci_upper)
```

运行上面代码得到如下结果。

```
(0.5039817664728938, 0.6960182335271061)
```

也可以直接利用 interval 函数进行计算，代码如下。

```
from scipy.stats import norm
p = 0.60 #样本比例
n = 100 #样本量
alpha = 0.05 #显著性水平
norm.interval(alpha = 1 - alpha,loc = p,scale = np.sqrt((p*(1 - p))/100))
```

总体比例的区间估计与总体均值的区间估计的实现逻辑和实现代码基本一致，只需要把样本均值 x 换成样本比例 p，样本标准误差 $\frac{s}{\sqrt{n}}$ 换成 $\sqrt{\frac{p(1-p)}{n}}$ 即可，运行上面代码得到的结果与套用公式得到的结果是一样的。

3. 估计总体方差的置信区间

理论讲解

假设总体的方差为 σ^2，现从该总体中抽取样本容量为 n 的样本，总体方差的区间估计是通过这 n 个样本数据来估计总体方差 σ^2 可能的取值区间。当总体服从正态分布时，该总体对应的样本方差 s^2 服从自由度为 $n-1$ 的 χ^2 分布。可表现为如下形式：

$$\frac{(n-1)s^2}{\sigma^2} \sim \chi^2(n-1)$$

卡方分布中卡方值与置信水平的关系为：

$$P\left(\chi^2_{1-\frac{\alpha}{2}} \leqslant \chi^2 \leqslant \chi^2_{\frac{\alpha}{2}}\right) = 1 - \alpha$$

图 4-9 所示为卡方分布概率与置信水平关系图。

在图 4-9 中，χ^2 值为 x 轴的取值，$\chi^2_{1-\frac{\alpha}{2}}$ 表示卡方分布中最左侧面积为 $\frac{\alpha}{2}$ 时对应的 χ^2 值，$\chi^2_{\frac{\alpha}{2}}$ 表示卡方分布中最右侧面积为 $\frac{\alpha}{2}$ 时对应的 χ^2 值。

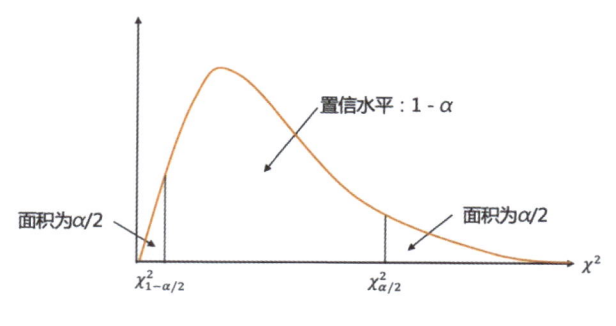

图 4-9

α 的取值一般为 0.05，$1-\frac{\alpha}{2}$ 为 0.975，$\frac{\alpha}{2}$ 为 0.025，那为什么图 4-9 中 $\chi^2_{1-\frac{\alpha}{2}}$ 在左侧，而 $\chi^2_{\frac{\alpha}{2}}$ 在右侧？这是根据卡方分布表得到的，卡方分布表的第一列表示自由度，不同列表示相同自由度下不同 P 值对应的卡方值，而这里的 P 值表示大于当前卡方值的概率，卡方值越小，概率就越大，卡方值右下角数值就表示 P 值，所以 P 值 0.975 对应的卡方值要比 P 值 0.025 对应的卡方值小，因此前者在左边，后者在右边。图 4-10 所示为不同自由度对应的卡方分布表。

df(自由度)	0.995	0.99	0.975	0.95	0.9	0.1	0.05	0.025	0.01	0.005
1	0.00004	0.00016	0.001	0.004	0.016	2.706	3.841	5.024	6.635	7.879
2	0.01	0.02	0.051	0.103	0.211	4.605	5.991	7.378	9.21	10.597
3	0.072	0.115	0.216	0.352	0.584	6.251	7.815	9.348	11.345	12.838
4	0.207	0.297	0.484	0.711	1.064	7.779	9.488	11.143	13.277	14.86
5	0.412	0.554	0.831	1.145	1.61	9.236	11.07	12.833	15.086	16.75
6	0.676	0.872	1.237	1.635	2.204	10.645	12.592	14.449	16.812	18.548
7	0.989	1.239	1.69	2.167	2.833	12.017	14.067	16.013	18.475	20.278
8	1.344	1.646	2.18	2.733	3.49	13.362	15.507	17.535	20.09	21.955
9	1.735	2.088	2.7	3.325	4.168	14.684	16.919	19.023	21.666	23.589
10	2.156	2.558	3.247	3.94	4.865	15.987	18.307	20.483	23.209	25.188
11	2.603	3.053	3.816	4.575	5.578	17.275	19.675	21.92	24.725	26.757
12	3.074	3.571	4.404	5.226	6.304	18.549	21.026	23.337	26.217	28.3
13	3.565	4.107	5.009	5.892	7.042	19.812	22.362	24.736	27.688	29.819
14	4.075	4.66	5.629	6.571	7.79	21.064	23.685	26.119	29.141	31.319
15	4.601	5.229	6.262	7.261	8.547	22.307	24.996	27.488	30.578	32.801
16	5.142	5.812	6.908	7.962	9.312	23.542	26.296	28.845	32	34.267
17	5.697	6.408	7.564	8.672	10.085	24.769	27.587	30.191	33.409	35.718
18	6.265	7.015	8.231	9.39	10.865	25.989	28.869	31.526	34.805	37.156
19	6.844	7.633	8.907	10.117	11.651	27.204	30.144	32.852	36.191	38.582
20	7.434	8.26	9.591	10.851	12.443	28.412	31.41	34.17	37.566	39.997
21	8.034	8.897	10.283	11.591	13.24	29.615	32.671	35.479	38.932	41.401
22	8.643	9.542	10.982	12.338	14.041	30.813	33.924	36.781	40.289	42.796
23	9.26	10.196	11.689	13.091	14.848	32.007	35.172	38.076	41.638	44.181
24	9.886	10.856	12.401	13.848	15.659	33.196	36.415	39.364	42.98	45.559
25	10.52	11.524	13.12	14.611	16.473	34.382	37.652	40.646	44.314	46.928

图 4-10

将上述公式进行变形化简，可得：

$$\chi^2_{1-\frac{\alpha}{2}} \leqslant \chi^2 \leqslant \chi^2_{\frac{\alpha}{2}}$$

$$\chi^2_{1-\frac{\alpha}{2}} \leqslant \frac{(n-1)s^2}{\sigma^2} \leqslant \chi^2_{\frac{\alpha}{2}}$$

$$\frac{\chi^2_{1-\frac{\alpha}{2}}}{(n-1)s^2} \leqslant \frac{1}{\sigma^2} \leqslant \frac{\chi^2_{\frac{\alpha}{2}}}{(n-1)s^2}$$

$$\frac{(n-1)s^2}{\chi^2_{\frac{\alpha}{2}}} \leqslant \sigma^2 \leqslant \frac{(n-1)s^2}{\chi^2_{1-\frac{\alpha}{2}}}$$

综上所述，总体方差 σ^2 在 $1-\alpha$ 置信水平下的置信区间为：

$$\left[\frac{(n-1)s^2}{\chi^2_{\frac{\alpha}{2}}}, \frac{(n-1)s^2}{\chi^2_{1-\frac{\alpha}{2}}} \right]$$

Excel 实现

还是以平台用户在线时长为例，样本量为100，样本标准差为35，现需要计算在95%置信水平下总体在线时长对应方差的置信区间。

在 Excel 中计算总体方差的置信区间时，需要按照置信区间的公式进行计算，首先计算显著性水平对应的卡方分布临界值，在 Excel 的任意两个单元格中分别输入下述两个公式。

公式 1(左临界值)：= CHISQ.INV(0.025,99)
公式 2(右临界值)：= CHISQ.INV(0.975,99)

最后得到置信区间如下。

[(100-1)*35*35 / CHISQ.INV(0.975,99),(100-1)*35*35 / CHISQ.INV(0.025,99)]

Python 实现

在 Python 中计算总体方差的置信区间同样可以套用置信区间的公式，也可以直接利用现成的函数进行计算。

先看一下套用公式应该如何计算，代码如下。

```
from scipy.stats import chi2
s = 35 #样本标准差
n = 100 #样本量
alpha = 0.05 #显著性水平
df = n - 1 #自由度=样本量-1
chi2_min = chi2.ppf(q = alpha / 2,df = df) #当左侧面积为α/2时对应的卡方值
chi2_max = chi2.ppf(q = 1 - alpha / 2,df = df) #当右侧面积为α/2时对应的卡方值

ci_lower = (n-1)*(s**2)/chi2_max #置信区间下限
```

```
ci_upper = (n-1)*(s**2)/chi2_min #置信区间上限
(ci_lower,ci_upper)
```

上述代码中，关于 ppf 函数中参数 q 的取值需要特别注意，ppf 函数求取的是当累积概率等于 q 值时对应的卡方值，累积概率是小于或等于某个卡方值的概率，而在卡方分布表中的概率是大于某个卡方值的概率。

也可以直接利用 interval 函数进行计算，但在卡方分布中，interval 函数求取的是 chi2_min 和 chi2_max 值，还需要用 $(n-1)s^2$ 除以该结果值才可得到最终的置信区间，具体实现代码如下。

```
from scipy.stats import chi2
s = 35 #样本标准差
n = 100 #样本量
alpha = 0.05 #显著性水平
df = n - 1 #自由度=样本量-1

chi2_interval = chi2.interval(alpha = 1 - alpha, df = df)

((n-1)*(s**2) / np.array(chi2_interval))[::-1]
```

运行上面代码得到的结果与套用公式得到的结果是一致的。

4.6.2 两个总体参数的区间估计

对于两个总体参数，一般估计总体均值之差的置信区间、总体比例之差的置信区间和总体方差比的置信区间。

1. 估计总体均值之差的置信区间

理论讲解

假设有两个总体，均值分别为 μ_1 和 μ_2，方差分别为 σ_1^2 和 σ_2^2，现从这两个总体中分别抽取样本量为 n_1 和 n_2 的两个样本，估计总体均值之差的置信区间就是通过样本数据求取 $\mu_1-\mu_2$ 可能的取值区间。

这里假设两个样本是相互独立的，即互不影响，同时两个样本也都是大样本，因为现实工作中的样本量基本都能够满足大于 30 的条件。

通过对样本计算可得，这两个样本的样本均值分别为 $\bar{x}_1$ 和 $\bar{x}_2$，样本方差分别为 s_1^2 和 s_2^2，根据中心极限定理和方差的可加性，两个样本的均值之差服从均值为 $\mu_1-\mu_2$、方差为 $\frac{\sigma_1^2}{n_1}+\frac{\sigma_2^2}{n_2}$ 的正态分布，可表示为如下形式。

$$\bar{x}_1 - \bar{x}_2 \sim N\left(\mu_1 - \mu_2, \frac{\sigma_1^2}{n_1} + \frac{\sigma_2^2}{n_2}\right)$$

通过对样本均值之差 $\bar{x}_1 - \bar{x}_2$ 进行标准化以后，得到的随机变量 z 则服从标准正态分布。

$$z = \frac{(\bar{x}_1 - \bar{x}_2) - (\mu_1 - \mu_2)}{\sqrt{\frac{\sigma_1^2}{n_1} + \frac{\sigma_2^2}{n_2}}} \sim N(0,1)$$

到这里，又与估计总体均值的置信区间一样了，将上述公式进行变形化简，最后得到总体均值之差在 $1 - \alpha$ 置信水平下的置信区间为：

$$\left[(\bar{x}_1 - \bar{x}_2) - z_{\frac{\alpha}{2}} \sqrt{\frac{\sigma_1^2}{n_1} + \frac{\sigma_2^2}{n_2}}, (\bar{x}_1 - \bar{x}_2) + z_{\frac{\alpha}{2}} \sqrt{\frac{\sigma_1^2}{n_1} + \frac{\sigma_2^2}{n_2}} \right]$$

当两个总体方差未知时，可以用样本方差来代替总体方差，此时的置信区间为：

$$\left[(\bar{x}_1 - \bar{x}_2) - z_{\frac{\alpha}{2}} \sqrt{\frac{s_1^2}{n_1} + \frac{s_2^2}{n_2}}, (\bar{x}_1 - \bar{x}_2) + z_{\frac{\alpha}{2}} \sqrt{\frac{s_1^2}{n_1} + \frac{s_2^2}{n_2}} \right]$$

Excel 实现

现从某在线平台整体用户中随机挑选 100 名，其中，男性用户 50 名，女性用户 50 名，对男女用户分别计算，得到两组用户的平均在线时长为 25min、18min，标准差分别为 40、32，现需要计算在 95% 置信水平下平台整体男性和女性平均在线时长之差的置信区间。

在 Excel 中计算两个总体均值之差的置信区间，与计算总体均值的置信区间用到的函数是一样的，差别在于均值和标准差的不同。两个总体均值之差的均值为 x_mean1 − x_mean2，标准差为 $\sqrt{s_1^2 + s_2^2}$。

在 Excel 的任意单元格中输入下述公式，得到结果为 14.199。

```
= CONFIDENCE.NORM(0.05,SQRT(40*40 + 32*32),50)
```

最后得到置信区间如下。

```
[(25 - 18) - 14.199,(25 - 18) + 14.199]
```

Python 实现

在 Python 中计算总体均值之差的置信区间，同样可以套用置信区间的公式，也可以直接利用现成的函数进行计算。

先看一下套用置信区间公式应该如何计算，代码如下。

```
from scipy.stats import norm

x_mean1 = 25 #男性样本均值
```

```
x_mean2 = 18 #女性样本均值
s1 = 40 #男性样本标准差
s2 = 32 #女性样本标准差
n1 = 50 #男性样本量
n2 = 50 #女性样本量
alpha = 0.05 #显著性水平

z_alpha = norm.ppf(q = 1 - alpha/2) #显著性水平对应的 z 值

ci_lower = (x_mean1 - x_mean2) - z_alpha*np.sqrt(s1**2/n1 + s2**2/n2) #置信区间
下限
ci_upper = (x_mean1 - x_mean2) + z_alpha*np.sqrt(s1**2/n1 + s2**2/n2) #置信区间
上限

(ci_lower,ci_upper)
```

运行上面代码得到如下结果。

```
(-7.19858298951088, 21.198582989510882)
```

也可以直接利用 interval 函数进行计算,具体实现代码如下。

```
from scipy.stats import norm

x_mean1 = 25 #男性样本均值
x_mean2 = 18 #女性样本均值
s1 = 40 #男性样本标准差
s2 = 32 #女性样本标准差
n1 = 50 #男性样本量
n2 = 50 #女性样本量
alpha = 0.05 #显著性水平

norm.interval(alpha = 1 - alpha
             ,loc = x_mean1 - x_mean2
             ,scale = np.sqrt(s1**2/n1 + s2**2/n2))
```

估计总体均值之差的置信区间与估计总体均值的置信区间是类似的,只需要将样本均值x换成样本均值之差 x_mean1 - x_mean2,将样本标准误差$\frac{s}{\sqrt{n}}$换成$\sqrt{\frac{s_1^2}{n_1} + \frac{s_2^2}{n_2}}$,运行上面代码得到的结果与套用公式得到的结果是一样的。

3. 估计总体比例之差的置信区间

理论讲解

假设有两个总体,比例分别为π_1和π_2,方差分别为$\pi_1(1-\pi_1)$和$\pi_2(1-\pi_2)$,现从这两个总体中分别抽取样本量为n_1和n_2的两个样本,估计总体比例之差的置信区间就是通过样本数据求取$\pi_1-\pi_2$可能的取值区间。

通过对样本计算可得，这两个样本的比例分别为p_1和p_2，样本方差分别为$p_1(1-p_1)$和$p_2(1-p_2)$，根据两点分布的特征和中心极限定理，两个样本的比例之差服从均值为$\pi_1-\pi_2$，方差为$\frac{\pi_1(1-\pi_1)}{n_1}+\frac{\pi_2(1-\pi_2)}{n_2}$的正态分布，可表示为如下形式：

$$p_1 - p_2 \sim N\left(\pi_1 - \pi_2, \frac{\pi_1(1-\pi_1)}{n_1} + \frac{\pi_2(1-\pi_2)}{n_2}\right)$$

通过对样本比例之差p_1-p_2进行标准化以后得到的随机变量z则服从标准正态分布：

$$z = \frac{(p_1-p_2)-(\pi_1-\pi_2)}{\sqrt{\frac{\pi_1(1-\pi_1)}{n_1}+\frac{\pi_2(1-\pi_2)}{n_2}}} \sim N(0,1)$$

同样，将上述公式进行变形化简，最后得到总体比例之差在$1-\alpha$置信水平下的置信区间为：

$$\left[(p_1-p_2)-z_{\frac{\alpha}{2}}\sqrt{\frac{\pi_1(1-\pi_1)}{n_1}+\frac{\pi_2(1-\pi_2)}{n_2}}, (p_1-p_2)+z_{\frac{\alpha}{2}}\sqrt{\frac{\pi_1(1-\pi_1)}{n_1}+\frac{\pi_2(1-\pi_2)}{n_2}}\right]$$

在实际情况中，总体比例π是未知的，所以就用样本比例p代替总体比例π，此时总体比例之差的置信区间就变为：

$$\left[(p_1-p_2)-z_{\frac{\alpha}{2}}\sqrt{\frac{p_1(1-p_1)}{n_1}+\frac{p_2(1-p_2)}{n_2}}, (p_1-p_2)+z_{\frac{\alpha}{2}}\sqrt{\frac{p_1(1-p_1)}{n_1}+\frac{p_2(1-p_2)}{n_2}}\right]$$

Excel 实现

为了估计平台上男女用户对同一活动的接受度差异，从整体用户中随机挑选 100 名，其中，男性用户 50 名，女性用户 50 名，对男女用户分别进行调研以后，得到对该活动的接受度，分别为 63% 和 55%，需要计算在 95% 置信水平下平台整体男性和女性对该活动接受度差异的置信区间。

在 Excel 中计算两个总体比例之差的置信区间，与计算两个总体均值之差的置信区间用到的函数是一样的，差别在于均值和标准差的不同。两个总体比例之差的均值为p_1-p_2，标准差为$\sqrt{p_1(1-p_1)+p_2(1-p_2)}$。

在 Excel 的任意单元格中输入下述公式，得到结果为 0.192。

```
= CONFIDENCE.NORM(0.05,SQRT(0.63(1-0.63) + 0.55(1-0.55)),50)
```

最后得到置信区间如下。

[(0.63 - 0.55) - 0.192,(0.63 - 0.55) + 0.192]

Python 实现

在 Python 中计算两个总体比例之差的置信区间，同样可以套用置信区间的公式，也可以直接利用现成的函数进行计算。

先来看一下套用置信区间公式应该如何计算，代码如下。

```
from scipy.stats import norm

p1 = 0.63 #男性样本均值
p2 = 0.55 #女性样本均值
n1 = 50 #男性样本量
n2 = 50 #女性样本量
alpha = 0.05 #显著性水平

z_alpha = norm.ppf(q = 1 - alpha/2) #显著性水平对应的z值

ci_lower = (p1 - p2) - z_alpha*np.sqrt(p1*(1-p1)/n1 + p2*(1-p2)/n2) #置信区间下限
ci_upper = (p1 - p2) + z_alpha*np.sqrt(p1*(1-p1)/n1 + p2*(1-p2)/n2) #置信区间上限

(ci_lower,ci_upper)
```

运行上面代码得到如下结果。

(-0.1121564523624225, 0.2721564523624224)

也可以直接利用 interval 函数进行计算，具体实现代码如下。

```
from scipy.stats import norm

x_mean1 = 25 #男性样本均值
x_mean2 = 18 #女性样本均值
s1 = 40 #男性样本标准差
s2 = 32 #女性样本标准差
n1 = 50 #男性样本量
n2 = 50 #女性样本量
alpha = 0.05 #显著性水平

norm.interval(alpha = 1 - alpha
              ,loc = p1 - p2
              ,scale = np.sqrt(p1*(1-p1)/n1 + p2*(1-p2)/n2))
```

估计总体比例之差的置信区间与估计总体均值之差的置信区间是类似的，只需要把样本比例 p 换成样本比例之差 $p_1 - p_2$，样本标准误差 $\sqrt{\frac{p(1-p)}{n}}$ 换成 $\sqrt{\frac{p_1 \cdot (1-p_1)}{n_1} + \frac{p_2 \cdot (1-p_2)}{n_2}}$

即可。运行上面代码得到的结果与套用公式得到的结果是一样的。

3. 估计总体方差比的置信区间

假设有两个总体,方差分别为σ_1^2和σ_2^2,现从这两个总体中分别抽取样本量为n_1和n_2的两个样本,估计总体方差比的置信区间就是通过样本数据求取$\frac{\sigma_1^2}{\sigma_2^2}$可能的取值区间。

通过对样本计算可得,这两个样本的方差分别为s_1^2和s_2^2,这两个样本的方差比服从自由度为$(n_1-1,\ n_2-1)$的F分布,可表示为如下形式:

$$\frac{s_1^2}{s_2^2} \cdot \frac{\sigma_1^2}{\sigma_2^2} \sim F(n_1-1,\ n_2-1)$$

F分布中F值与置信水平的关系为:

$$P\left(F_{1-\frac{\alpha}{2}} \leqslant F \leqslant F_{\frac{\alpha}{2}}\right) = 1-\alpha$$

图4-11所示为F分布概率与置信水平关系图。

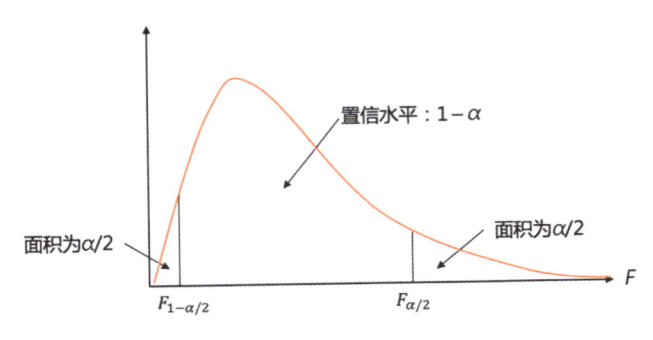

图 4-11

F值为x轴的取值,$F_{1-\frac{\alpha}{2}}$表示F分布中最左侧面积为$\frac{\alpha}{2}$时对应的F值,$F_{\frac{\alpha}{2}}$表示F分布中最右侧面积为$\frac{\alpha}{2}$时对应的F值。

将上述公式进行变形化简,可得:

$$F_{1-\frac{\alpha}{2}} \leqslant F \leqslant F_{\frac{\alpha}{2}}$$

$$F_{1-\frac{\alpha}{2}} \leqslant \frac{s_1^2}{s_2^2} \cdot \frac{\sigma_1^2}{\sigma_2^2} \leqslant F_{\frac{\alpha}{2}}$$

$$F_{1-\frac{\alpha}{2}} \frac{s_2^2}{s_1^2} \leqslant \frac{\sigma_1^2}{\sigma_2^2} \leqslant F_{\frac{\alpha}{2}} \frac{s_2^2}{s_1^2}$$

$$\frac{s_1^2/s_2^2}{F_{\frac{\alpha}{2}}} \leqslant \frac{\sigma_1^2}{\sigma_2^2} \leqslant \frac{s_1^2/s_2^2}{F_{1-\frac{\alpha}{2}}}$$

综上所述，总体方差比在 $1-\alpha$ 置信水平下的置信区间为：

$$\left[\frac{s_1^2/s_2^2}{F_{\frac{\alpha}{2}}}, \frac{s_1^2/s_2^2}{F_{1-\frac{\alpha}{2}}}\right]$$

Excel 实现

还是以男女用户的在线时长为例，计算在 95% 置信水平下总体男女在线时长对应方差比的置信区间。

在 Excel 中计算总体方差比的置信区间，也需要按照置信区间的公式进行计算，首先计算显著性水平对应的 F 分布临界值，在 Excel 的任意两个单元格中分别输入下述两个公式。

```
公式1(左临界值)：= F.INV(0.025,49,49)
公式2(右临界值)：= F.INV(0.975,49,49)
```

最后得到置信区间如下。

```
[(40*40) / (32*32) / F.INV(0.975,49,49),(40*40) / (32*32) / F.INV(0.025,49,49)]
```

Python 实现

还是以男女用户的在线时长为例，计算在 95% 置信水平下总体男女在线时长对应方差比的置信区间，同样可以套用置信区间的公式，也可以直接利用现成的函数进行计算。

先来看一下套用置信区间公式应该如何计算，代码如下。

```
from scipy.stats import f

s1 = 40 #男性样本标准差
s2 = 32 #女性样本标准差
n1 = 50 #男性样本量
n2 = 50 #女性样本量
df1 = n1 - 1 #男性自由度
df2 = n2 - 1 #女性自由度
alpha = 0.05 #显著性水平

f_min = f.ppf(q = alpha / 2,dfn = df1,dfd = df2) #当左侧面积为 α/2 时对应的 f 值
f_max = f.ppf(q = 1 - alpha / 2,dfn = df1,dfd = df2) #当右侧面积为 α/2 时对应的 f 值

ci_lower = (s1**2)/(s2**2)/f_max #置信区间下限
ci_upper = (s1**2)/(s2**2)/f_min #置信区间上限
(ci_lower,ci_upper)
```

运行上面代码得到如下结果。

```
(0.8866815149177204, 2.7534195863173596)
```

也可以直接利用 interval 函数进行计算,但是 F 分布中 interval 函数求取的是 f_min 值和 f_max 值,还需要用 s_1^2/s_2^2 除以该结果值才可以得到最终的置信区间,具体实现代码如下。

```
from scipy.stats import f

s1 = 40 #男性样本标准差
s2 = 32 #女性样本标准差
n1 = 50 #男性样本量
n2 = 50 #女性样本量
df1 = n1 - 1 #男性自由度
df2 = n2 - 1 #女性自由度
alpha = 0.05 #显著性水平

f_interval = f.interval(alpha = 1 - alpha, dfn = df1,dfd = df2)

((s1**2)/(s2**2) / np.array(f_interval))[::-1]
```

运行上面代码得到的结果与套用公式得到的结果是一样的。

第 5 章 假设检验

5.1 假设检验在数据分析中的应用场景

假设检验和参数估计都属于推断统计中的内容，两者具体推断的内容是不一样的，参数估计是根据样本数据对总体进行推断估计，而假设检验是先对总体提出某个假设，然后用样本数据检验这个假设是否成立。

假如业务部门提出了一种提高用户客单价的策略，现在想要看一下这个策略到底有没有效果，即用户客单价到底有没有提高。最简单的方法就是做一个实验，从总体用户中随机挑选部分用户，然后把这些挑选出来的用户分成两组：A 组、B 组。对于 A 组用户使用该策略，对于 B 组用户则保持原策略，等策略实施一段时间以后，我们来看一下这两组的客单价分别是什么水平？如果 A 组客单价比 B 组客单价高，就说明新策略有效果；反之则说明没有效果。这样做是否真的可以得出结论？可以，但是不够严谨。

为什么不够严谨呢？因为我们用来做实验的用户是随机挑选的，有可能随机挑选的 A 组用户客单价本来就比 B 组用户客单价高，那最后即使策略没有效果，也会出现 A 组客单价比 B 组客单价高的结果。所以我们在拿到 A 组和 B 组用户的结果以后，就需要证明，该结果到底是随机挑选导致的，还是策略真的有作用。这个证明过程就需要用到假设检验。

5.2 假设检验基本思想

假设检验的核心是反证法。反证法是数学中的一个概念，就是如果要证明一个结论是错误的，那么先假设这个结论是正确的，然后以这个结论是正确的作为前提条件进行推理。如果推理出来的结果与假设条件矛盾，就说明假设是错误的，即原结论是正确的。以上就是反证法的一个简单思路。

了解了反证法以后，我们开始正式的假设检验，这里引用一个比较经典的例子"女士品茶"。

女士品茶是一个很久远的故事，讲述了在很久很久以前的一个下午，有一群人坐在一起品茶，这时有位女士提出了一个有趣的点，就是把茶加到奶里和把奶加到茶里最后得到的"奶茶"的味道是不一样的。大部分人都不赞同这位女士的说法，只有其中一位男士提出了要用科学的方法证明到底是否一样。

接下来，我们具体看一下这位男士是怎么证明的。首先他假设了把茶加到奶里和把奶加到茶里得出来的"奶茶"味道是一样的。然后随机把这两种"奶茶"端给女士，让女士品完，判断哪杯是把奶加到茶里，哪杯是把茶加到奶里的。如果女士都能品对，则说明确实有差异；如果品不对，则说明是没差异的。这就涉及一个问题，让女士品多少杯呢？品一杯肯定是不行的，因为任意一杯猜对（瞎蒙）的概率都有50%。表5-1所示为不同杯数对应的猜对的概率（注意，这里是猜对而不是品对）。

表 5-1

杯　　数	猜对概率
1	$0.5^1 = 0.5$
2	$0.5^2 = 0.25$
3	$0.5^3 = 0.125$
4	$0.5^4 = 0.0625$
5	$0.5^5 = 0.03125$
6	$0.5^6 = 0.015625$
7	$0.5^7 = 0.007813$
8	$0.5^8 = 0.003906$
9	$0.5^9 = 0.001953$
10	$0.5^{10} = 0.000977$

通过表5-1我们可以看出，连续4杯都猜对的概率不足0.1，连续10杯都猜对的概率不足0.001。我们先假设把奶加到茶里和把茶加到奶里得到的"奶茶"没有差别。在假设成立的情况下，女士想要每次都品对，只能靠猜，但是10杯全部都猜对的概率不足 0.001，我们把这种概率很小很小（这里需要定义一下，具体多小算小概率事件）的事件称为小概率事件。我们认为小概率事件一般是不会发生的。如果发生了，则说明假设是不成立的，也就是说女士品茶不是靠猜的，即把奶加到茶里和把茶加到奶里得到的"奶茶"的确是有差别的。

以上就是假设检验的基本思想及一个经典案例。

5.3 假设检验中常见的两种错误

通过前面的假设检验思想,我们可以看出,在这个过程中容易犯两种错误:第一种错误是原假设正确,但是我们错误地给拒绝掉了,即"把茶加到奶里和把奶加到茶里得出来的奶茶味道是一样的"这个假设是正确的,但是我们却错误地拒绝了这个假设;第二种错误是原假设错误,但是我们错误地给接受了,即"把茶加到奶里和把奶加到茶里得出来的奶茶味道是一样的"这个假设是错误的,但是我们错误地接受了这个假设。

我们把第一种错误称为一类错误,也叫作弃真错误,通俗一点就是"漏诊",即一个病人本来生病了(假设是正确的),但是没有检查出来,所以把假设给拒绝掉了;第二类错误称为二类错误,也叫作取伪错误,通俗一点就是"误诊",就是本来没病(假设是错误的),结果诊断生病了(假设是正确的),所以就把假设给接受了(见表5-2)。

表 5-2

最终判断	原假设本来正确	原假设本来错误
拒绝原假设	犯一类错误	正确
接收原假设	正确	犯二类错误

5.4 显著性水平和功效

显著性水平和功效是假设检验中比较重要的两个概念。

显著性水平其实就是犯一类错误的概率大小,以前面女士品茶的例子来讲,犯一类错误的概率大小是 0.000977,比如,我们观测到女士们全部品对了,就认为把奶加到茶里和把茶加到奶里得到的奶茶确实是不一样的,这个结论有可能是错误的,因为全部猜对的概率虽然小,但是不代表完全不可能发生,这个小概率就是我们需要承担的风险。显著性水平用 α 表示,一般取值为 0.05。

功效表示有多大把握能够正确地拒绝原假设,又称为 Power 值,Power = 1 − 二类错误值。还是前面女士品茶的例子,就是原假设"把茶加到奶里和把奶加到茶里得到的奶茶是一样的这个假设"是错误的,你能够正确拒绝掉的把握大小。二类错误用 β 表示,一般取值为 0.2,对应的 Power 值一般为 0.8。

5.5 假设检验的基本步骤

前面介绍了假设检验的基本思想和假设检验中的一些概念,本节主要介绍假设检验的具体步骤。

Step1:提出原假设和备择假设。

原假设是我们要推翻的论点,一般用 H0 表示;备择假设则是我们要证明的论点,一般用 H1 表示。还是女士品茶的例子。

H0:把茶加到奶里和把奶加到茶里得到的"奶茶"是一样的。

H1:把茶加到奶里和把奶加到茶里得到的"奶茶"是不一样的。

Step2:根据已知条件构造检验统计量。

检验统计量是当原假设成立时,样本统计量所服从的分布,不同的分布对应不同的统计量,主要有 3 种:z 统计量、χ^2 统计量、F 统计量,这 3 种统计量分别表示样本统计量服从标准正态分布、χ^2 分布、F 分布,对应的检验方法分别叫作 z 检验、χ^2 检验、F 检验。

这 3 个统计量也是我们前面对不同情况的总体参数进行估计时样本统计量所服从的分布。

一个总体参数检验时的统计量。

$$总体均值检验:z = \frac{x - \mu}{\sigma/\sqrt{n}} \sim N(0,1)$$

$$总体比例检验:z = \frac{p - \pi}{\sqrt{\frac{\pi(1-\pi)}{n}}} \sim N(0,1)$$

$$总体方差检验:\chi^2 = \frac{(n-1)s^2}{\sigma^2} \sim \chi^2(n-1)$$

两个总体参数检验时的统计量。

$$两个总体均值之差检验:z = \frac{(\bar{x}_1 - \bar{x}_2) - (\mu_1 - \mu_2)}{\sqrt{\frac{\sigma_1^2}{n_1} + \frac{\sigma_2^2}{n_2}}} \sim N(0,1)$$

$$两个总体比例之差检验:z = \frac{(p_1 - p_2) - (\pi_1 - \pi_2)}{\sqrt{\frac{\pi_1(1-\pi_1)}{n_1} + \frac{\pi_2(1-\pi_2)}{n_2}}} \sim N(0,1)$$

$$两个总体方差比检验:F = \frac{s_1^2}{s_2^2} \cdot \frac{\sigma_1^2}{\sigma_2^2} \sim F(n_1 - 1,\ n_2 - 1)$$

与 z 统计量相关的还有 t 统计量，当样本量大（样本容量大于 30）时选择 z 统计量，当样本量小（样本容量小于 30）且总体标准差未知时，选择 t 统计量。在互联网时代，样本量基本都是大于 30 的，所以一般使用 z 统计量。如图 5-1 所示为 z 统计量和 t 统计量的适用情况。

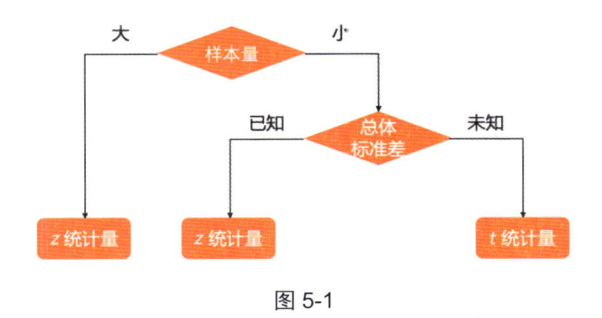

图 5-1

t 统计量公式如下：

$$t = \frac{x - u}{s/\sqrt{n}}$$

可以看到，t 统计量与 z 统计量的区别在于，t 统计量分母中使用的是样本标准差 s，z 统计量分母中使用的是总体标准差 σ。有时，当样本量很大选择了 z 统计量，但总体标准差仍是未知时，就可以用样本标准差 s 代替总体标准差 σ，此时的 z 统计量就变得和 t 统计量一样了。

Step3：根据要求的显著性水平，求临界值和拒绝域。

我们前面讲过显著性水平，显著性水平把概率分布分为两个区间：拒绝区间和接受区间。如果最后样本统计量结果值落在了拒绝区间，就可以拒绝零假设；如果落在了接受区间，就需要接受零假设。

那具体怎么把分布分成拒绝域和接受域呢？主要就是根据临界值进行区分，把位于临界值外的区域划分为拒绝域，位于临界值内的区域划分为接受域，而这里的临界值就是事先确定好的显著性水平所对应的统计量值，不同的检验用不同的统计量值。

根据显著性水平求取临界值利用的就是前面介绍过的 PPF（百分点）函数，得到临界值以后，拒绝域和接受域也就划分出来了。

下面以 z 检验为例，给大家展示单侧检验和双侧检验对应的 α、1-α、临界值、拒绝域、接受域的情况，其中，α 表示拒绝域部分的面积，而不是 x 轴的值。

如图 5-2 所示为单侧检验示意图。

图 5-2

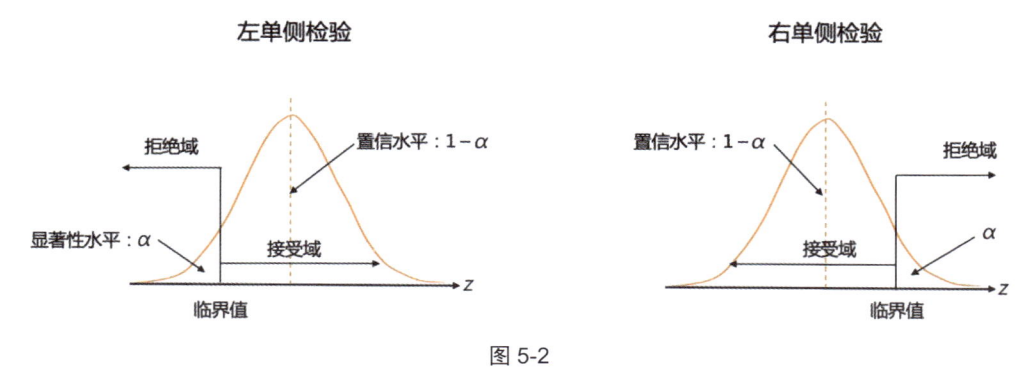

如图 5-3 所示为双侧检验示意图。

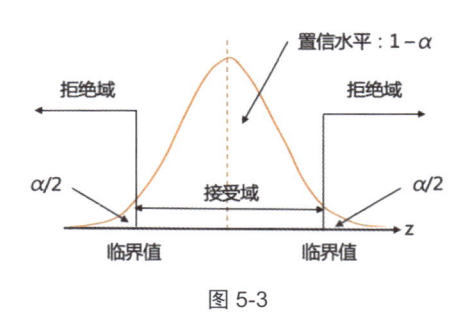

图 5-3

单侧检验指要检验的问题是明确的大于或者小于的问题。比如，要检验把奶加到茶里得到的奶茶是否要比把茶加到奶里得到的奶茶好喝？如果拒绝域在分布的左侧，就是左单侧检验；如果拒绝域在分布的右侧，就是右单侧检验。

双侧检验指要检验的问题没有明确的大于或者小于，只要不等于就行，比如，要检验把奶加到茶里和把茶加到奶里得到的奶茶味道是不是不一样，而不管到底是更好喝还是更难喝。

在一般情况下，基本为双侧检验，即只检验两者是否不等于。

Step4：计算检验统计量值。

根据在 Step2 选择的检验统计量类型，计算其对应的统计量值，并计算该值出现的概率，即 p_value，简称 p 值。

根据统计量值求其对应的概率利用的就是前面介绍的 CDF（累积分布）函数，CDF 与 PPF 是互为反函数的。

Step5：决策是否拒绝原假设。

决策时有两种决策方式：统计量决策和 p 值决策。

统计量决策是直接比较 Step4 计算出来的检验统计量值是落在拒绝域内还是接受域内。如果落在了拒绝域，那就可以拒绝原假设而接受备择假设，否则没有充分的理由拒绝原假设。

p 值决策是比较计算出来的 p 值和显著性水平 α 值，如果 p 值小于或等于 α 值，则拒绝原假设而接受备择假设，否则没有充分的理由拒绝原假设。

5.6 一个总体参数的检验

一个总体参数的检验主要是检验总体参数与某个具体值之间是否存在显著性差异，有总体均值的检验、总体比例的检验、总体方差的检验 3 种。

5.6.1 总体均值的检验

理论讲解

有一个已知的均值 μ_0，同时也有一个总体，假设该总体的方差为 σ^2、均值为 μ，总体均值检验就是检验 μ 与 μ_0 之间是否存在显著性差异。

根据假设检验的思想，我们先假设总体均值 $\mu = \mu_0$，然后从总体中抽取部分样本 n，得到样本方差为 s^2、样本均值为 x。根据中心极限定理，当样本 n 足够大时，样本统计量 z 服从标准正态分布，也就是我们前面提到的 z 统计量。有了统计量公式以后就可以计算统计量值，并根据统计量值进行决策判断假设是否成立。

接下来，我们看一个实际的例子。

已知某网站用户的平均停留时长 μ_0 为 45min，现业务人员想要对网站页面做一次大改版，希望通过对页面的改变达到影响用户在页面停留时长的目的。假设对总体用户全部展示新页面以后总体的平均停留时长会变为 μ，考虑到新页面可能有一定的负向影响，所以决定从总体用户中随机抽取 1000 人进行测试，对这 1000 人展示新的页面，得到了这部分样本的平均停留时长为 46min，样本标准差为 14，现在业务人员想要知道这一次网站页面改版是否对用户停留时长有显著性影响。

有的读者可能会有这样的疑问，46min 大于 45min，不就说明了网站页面改版是有效果的吗？答案是不一定，因为 46min 是我们通过这 1000 个样本算出来的，而这 1000 样本是通过对总体随机抽样出来的，因为抽样不可能抽到和整体水平完全一样，所以这 1min 的差距有可能是抽样带来的，也有可能是网站页面改版的效果。真实情况是什么样子，就需要通过假设检验来验证，如下为具体的流程。

Step1：提出原假设和备择假设。

因为要检验网站改版对用户停留时长有没有显著性影响，这个影响可能是正向的，也可能是负向的，所以是双侧检验。

H0：$\mu = \mu_0 = 45\text{min}$
H1：$\mu \neq \mu_0 = 45\text{min}$

H0 假设对总体用户全部展示新页面以后总体的平均停留时长 μ 与平均水平 μ_0 是一样的，也就是网站页面改版是没有效果的；H1 假设 $\mu \neq \mu_0$，即网站页面改版是有效果的。

Step2：根据已知条件构造检验统计量。

该检验为总体均值的检验，检验统计量为 z 统计量。

$$z = \frac{\bar{x} - \mu}{\sigma/\sqrt{n}}$$

Step3：根据要求的显著性水平，求临界值和拒绝域。

显著性水平 α 一般设置为 0.05，显著性水平 0.05 对应的双侧检验临界值为 $-z_{\frac{\alpha}{2}}$ 和 $z_{\frac{\alpha}{2}}$，这两个临界值具体为 -1.96 和 1.96。

所以接受域对应的 z 值取值范围为 (-1.96, 1.96)，而拒绝域对应的 z 值取值范围为 $(-\infty, -1.96]$ 和 $[1.96, \infty)$。

Step4：计算检验统计量值。

因总体标准差未知，所以用样本标准差代替总体标准差。

$$z = \frac{\bar{x} - \mu}{s/\sqrt{n}} = \frac{46 - 45}{14/\sqrt{1000}} = 2.26$$

z 值等于 2.26，对应的 p 值为 0.024。

Step5：决策是否拒绝原假设。

在显著性水平 $\alpha = 0.05$ 的情况下：

- 如果用统计量决策，则看 Step4 计算出来的统计量值是落在拒绝域还是接受域，即比较 z 和 $\left|\pm z_{\frac{\alpha}{2}}\right|$ 的关系，因 |2.26| > |±1.96|，落在了拒绝域，所以可以拒绝原假设而接受备择假设，即认为该次网站改版对用户页面停留时长是有显著性影响的。
- 如果用 p 值决策，比较 Step4 计算出来的 p 值是否小于或等于显著性水平 α，0.024 是小于 0.05 的，所以也可以拒绝原假设而接受备择假设。

Excel 实现

在 Excel 中要实现上述检验过程时，核心是求取 z 值对应的 p 值，根据 z 值求 p 值的公式如下。

```
= (1 - NORM.S.DIST(abs(z),TRUE))*2
```

我们前面还有用过 NORM.DIST 函数，两者的区别在于 NORM.S 函数默认是标准正态分布，即均值为 0、标准差为 1 的正态分布，NORM 是广义上的正态分布。

在 Excel 的任意单元格中输入下述公式，得到结果为 0.02382。

= (1 - NORM.S.DIST(abs(2.26),TRUE))*2

我们也可以直接通过原始数据得到检验的 p 值，而不需要先计算 z 值，再根据 z 值计算 p 值。实现该过程需要用到 Z.TEST 函数，该函数形式如下。

= Z.TEST(array,x,sigma)

- array 表示原始数据区域；
- x 表示要检验的已知均值μ_0；
- sigma 表示总体标准差，如果省略不写，默认用样本标准差代替。

Z.TEST 函数的结果只是单侧的概率值，如果要得到双侧的概率值，则需要用到下述公式。

= 2*MIN(Z.TEST(array,x,sigma),1 - Z.TEST(array,x,sigma))

Python 实现

在 Python 中实现上述检验过程时，核心是实现临界值、z 值和对应 p 值的计算，具体实现代码如下。

```
from scipy.stats import norm
import numpy as np

x_mean = 46
mu = 45
s = 14
n = 1000
alpha = 0.05

z_alpha_left = norm.ppf(q = alpha / 2) #左临界值
z_alpha_right = norm.ppf(q = 1 - alpha / 2) #右临界值

z = (x_mean - mu)/(s/np.sqrt(n)) #z 统计量值
p_value = (1 - norm.cdf(abs(z)))*2 #p 值

z,p_value
```

上述代码中，z_alpha_left 表示左临界值，即正态分布中左侧面积为$\alpha/2$时对应的 z 值；z_alpha_right 表示右临界值，即正态分布中右侧面积为$\alpha/2$时对应的 z 值，因为 PPF 函数是求取的当累积概率为 q 时对应的 z 值，所以左临界值对应的累积概率为 $\alpha/2$，而右临界值对应的累积概率为$1 - \alpha/2$。

在求取 p 值时用的是 CDF 函数，该函数求取的是当 z 小于或等于当前值时的累积概率，如果 z 统计量值是负数，即在正态分布中的左侧，那么直接用 norm.cdf(z)就

可以求取出该 z 值对应的 p 值了；但如果 z 统计量值是正数，即在正态分布的右侧，这时直接用 norm.cdf(z) 求取就有问题了，我们要的应该是 1-norm.cdf(z)，为了兼容这两种情况，所以统一用 1 - norm.cdf(abs(z))，这样就不需要考虑 z 值的正负了，乘 2 表示双侧检验。

运行上面代码得到如下结果。

(2.2587697572631282, 0.023897710679510187)

上面是利用 Python 实现检验的每一步，我们也可以直接把数据输入到相应的函数中，就可以得到检验的 z 统计量值和对应的 p 值，具体实现代码如下。

```
from scipy.stats import norm
from statsmodels.stats.weightstats import ztest

random_data = norm.rvs(loc = 46, scale = 14, size = 1000, random_state = 0)
z,p_value = ztest(x1 = random_data, value = 45,alternative = 'two-sided')
z,p_value
```

上述代码中，我们先生成一个符合均值 46、标准差 14 的正态分布数据集 random_data，然后直接将该数据集传入 ztest 中，ztest 中的参数 value 就是 μ_0 值；参数 alternative 是用来指明检验类型的，默认是双侧检验（two-sided），可以省略不写。还有另外的两个参数值 larger 和 smaller，当 H1 假设是 $\mu > \mu_0$ 时用 larger，反之用 smaller。

运行上面代码得到如下结果。

(0.838080344413122, 0.40198558124562167)

可以看到上面的结果与我们前面计算出来的结果不一样，这主要是因为生成的随机数据均值和标准差并不是严格的 46 和 14，只是在这附近。如果均值和标准差完全一样，用两种方式算出来的结果就会完全一样。我们可以把生成的 random_data 反向代入第一步的代码中，就会得到与用 ztest 完全一样的结果，具体实现代码如下。

```
from scipy.stats import norm
import numpy as np

x_mean = random_data.mean()
mu = 45
s = random_data.std(ddof = 1) #样本标准差，需要让参数 ddof=1
n = 1000
alpha = 0.05

z_alpha_left = norm.ppf(q = alpha / 2) #左临界值
z_alpha_right = norm.ppf(q = 1 - alpha / 2) #右临界值

z = (x_mean - mu)/(s/np.sqrt(n)) #z 统计量值
p_value = (1 - norm.cdf(abs(z)))*2 #p 值
```

```
z,p_value
```

我们也可以对上述数据进行 t 检验，具体实现代码如下。

```
from scipy.stats import ttest_1samp
stats.ttest_1samp(a = random_data, popmean = 45,alternative = 'two-sided')
```

上述代码中，参数 popmen 是 μ_0 值，参数 alternative 也是用来指明检验类型的，默认是双侧检验（two-sided），也可以省略不写，还有另外的两个参数值 less 和 greater，当 H1 假设是 $\mu < \mu_0$ 时用 less，反之用 greater。运行上面代码得到如下结果。

```
Ttest_1sampResult(statistic=0.838080344413122, pvalue=0.4021860477429433)
```

可以看到，在总体标准差未知时，用 ttest 与用 ztest 得到的统计量值是一样的，但 p 值是不一样的，这是因为相同统计量值在不同分布中的概率值是不一样的，t 统计量值对应的 p 值计算代码如下。

```
from scipy.stats import t
(1 - t.cdf(0.838080344413122,df = 999))*2
```

5.6.2 总体比例的检验

理论讲解

有一个已知的比例为 π_0，同时也有一个总体，假设该总体的比例为 π，总体比例检验就是检验 π 和 π_0 之间有无显著性差异。

对总体抽取 n 个样本，得到样本比例 p，根据总体比例检验的统计量公式就可以进行具体的检验过程。

接下来，我们看一个实际的例子。

已知某订单页面总体的购买转化率 π_0 为 60%，现对该页面设计做了一次大改版，并从总体用户中随机抽取 1000 人，对这 1000 人展示新的页面，得到这部分样本的平均购买转化率为 58%，现在需要检验这次页面改版对用户购买转化率是否有显著性影响。

总体比例的检验流程和均值检验的流程基本一样，只是检验统计量不一样。

因我们要检验改版对用户购买率是否有显著性影响，没有规定影响方向，所以是一个双侧检验的问题，该检验的原假设和备择假设如下。

H0：$\pi = \pi_0 = 60\%$

H1：$\pi \neq \pi_0 = 60\%$

总体比例检验的统计量为：

$$z = \frac{p - \pi}{\sqrt{\frac{\pi(1-\pi)}{n}}} = \frac{(58\% - 60\%)}{\sqrt{\frac{60\%(1-60\%)}{1000}}} = -1.29$$

z 值等于 -1.29，对应的 p 值为 0.1967。

在显著性水平 $\alpha = 0.05$ 的情况下：
- 根据统计量决策，$|-1.29| < |\pm 1.96|$，落在了接受域，所以我们没有充分的理由拒绝原假设；
- 根据 p 值决策，$0.1967 > 0.05$，也同样没有充分的理由拒绝原假设。

Excel 实现

在 Excel 中实现总体比例的检验时，核心是求取 z 值对应的 p 值，根据 z 值求 p 值的公式也是用 NORM.S.DIST 函数。

在 Excel 的任意单元格中输入下述公式，得到结果为 0.197。

= (1 - NORM.S.DIST(abs(-1.29),TRUE))*2

Python 实现

在 Python 中实现总体比例的检验时，核心也是计算临界值、z 值和对应 p 值，具体实现代码如下。

```
from scipy.stats import norm
import numpy as np

p = 0.58
pi = 0.60
n = 1000
alpha = 0.05

z_alpha_left = norm.ppf(q = alpha / 2) #左临界值
z_alpha_right = norm.ppf(q = 1 - alpha / 2) #右临界值

z = (p - pi)/(np.sqrt((pi*(1-pi))/n)) #z 统计量值
p_value = (1 - norm.cdf(abs(z)))*2 #p 值

z,p_value
```

运行上面代码得到如下结果。

(-1.2909944487358067, 0.19670560245894642)

5.6.3　总体方差的检验

理论讲解

有一个已知的方差为 σ_0^2，同时也有一个总体，假设该总体的比例为 σ^2，总体方差检验就是检验 σ^2 和 σ_0^2 之间有无显著性差异。

对总体抽取 n 个样本，得到样本方差 s^2，根据总体方差检验的统计量公式就可以进行具体的检验了。

接下来，我们看一个实际的例子。

已知某网约车平台每天所有司机之间接单量的标准差为 10，为了缩小司机之间接单量的差距，从全部司机中随机抽取 100 名司机进行策略干预，得到了这 100 名司机之间接单量的标准差为 5，现需要检验策略干预有没有显著性缩小司机接单量的差异。

总体方差检验和总体均值、总体比例的检验流程也是一样的，只是检验统计量不一样。

因我们要检验的问题是策略干预有没有显著性缩小司机接单量的差异，所以是一个单侧检验的问题，该检验的原假设和备择假设如下。

H0：$\sigma^2 \leqslant \sigma_0^2 = 10^2$

H1：$\sigma^2 > \sigma_0^2 = 10^2$

总体方差检验的统计量为：

$$\chi^2 = \frac{(n-1)s^2}{\sigma^2} = \frac{(100-1)5^2}{10^2} = 24.75$$

χ^2 值等于 24.75、自由度等于 99，对应的 p 值为 0.99999。

如图 5-4 所示，当 s^2 值越小时，χ^2 值就越小，在卡方分布中所处的位置也越靠近左边，对应的原假设 H0 越容易成立；而当 s^2 值越大时，χ^2 值就越大，在卡方分布中所处的位置越靠近右边，越容易拒绝 H0，所以拒绝域就位于卡方分布的右侧，是一个右单侧检验。

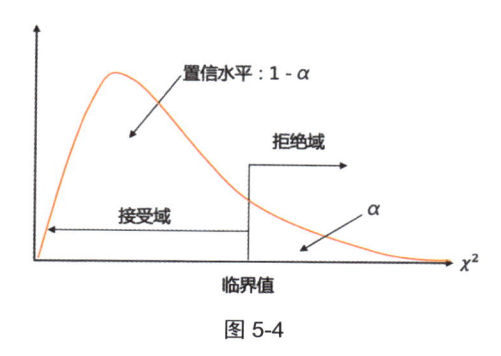

图 5-4

卡方分布右单侧检验的临界值为：

$$\chi_{0.05}^2(99) = 123.23$$

在显著性水平 $\alpha = 0.05$ 的情况下：

- 根据统计量决策，24.75 < 123.23，落在了接受域，所以我们没有充分的理由拒绝原假设；
- 根据 p 值决策，0.99999 > 0.05，也同样没有充分的理由拒绝原假设。

Excel 实现

在 Excel 中对总体方差进行检验时，核心是求取卡方统计量对应的 p 值，根据卡方统计量求 p 值的公式是用 CHISQ.DIST 函数。

在 Excel 的任意单元格中输入下述公式，得到结果为 1.000。

```
= 1 - CHISQ.DIST(24.75,99,TRUE)
```

Python 实现

在 Python 中对总体方差进行检验的具体实现代码如下。

```python
from scipy.stats import chi2

s = 5
sigma = 10
n = 100
alpha = 0.05

chi2_alpha = chi2.ppf(q = 1 - alpha, df = n - 1) #临界值

chi2_value = (n-1)*(s**2) / sigma**2 #卡方统计量值
p_value = 1 - chi2.cdf(x = chi2_value,df = n-1) #p 值
(chi2_value,p_value)
```

上述代码中，因为拒绝域在右侧，所以计算临界值时 q 的取值为 `1 - alpha`，计算 p 值时也是 `1-chi2.cdf(x)`。

5.7 两个总体参数的检验

两个总体参数的检验主要用于检验两个总体参数之间是否存在显著性差异。有两个总体均值之差的检验、两个总体比例之差的检验、两个总体方差比的检验。

两个总体参数的检验与一个总体参数的检验步骤是一样的，差别在于原假设和备择假设、检验统计量不一样。

5.7.1 两个总体均值之差的检验

理论讲解

现有两个总体，总体 1 的均值和标准差分别为 μ_1、σ_1，总体 2 的均值和标准差分别为 μ_2、σ_2，两个总体均值之差的检验就是检验 μ_1 和 μ_2 之间是否存在显著性差异。

接下来，我们看一个实际的例子。

业务部门最近推出了两个组合购的策略，现在想要看一下这两个策略对用户客价的影响是否一样？于是，从所有用户中随机抽取 100 名用户，并将这 100 名用户随

机分成两组，每组各 50 名，针对第一组用户上线第一个策略，针对第二组用户上线第二个策略。上线一段时间以后，得到第一组用户的平均客单价为$\bar{x}_1$= 33、标准差为s_1= 8，第二组用户的平均客单价为$\bar{x}_2$= 30、标准差为s_2= 6。现需要检验这两个样本对应的两个总体平均客单价μ_1和μ_2是否有显著性差异。

Step1：提出原假设和备择假设。

因我们要检验两个总体平均客单价是否有显著性差异，没有规定谁大谁小，所以是一个双侧检验的问题，该检验的原假设和备择假设如下。

H0：$\mu_1 = \mu_2$，$\mu_1 - \mu_2 = 0$

H1：$\mu_1 \neq \mu_2$，$\mu_1 - \mu_2 \neq 0$

Step2：根据已知条件构造检验统计量。

该检验为两个总体均值之差的检验，检验统计量也是 z 统计量，具体为：

$$z = \frac{(\bar{x}_1 - \bar{x}_2) - (\mu_1 - \mu_2)}{\sqrt{\frac{\sigma_1^2}{n_1} + \frac{\sigma_2^2}{n_2}}}$$

Step3：根据要求的显著性水平，求临界值和拒绝域。

这一步和一个总体参数的检验是类似的。显著性水平 α 也一般设置为 0.05，在双侧检验中，显著性水平 0.05 对应的临界值为$-z_{\frac{\alpha}{2}}$和$z_{\frac{\alpha}{2}}$，这两临界值的具体值为-1.96和 1.96。

所以接受域对应的 z 值取值范围为（$-1.96, 1.96$），而拒绝域对应的 z 值取值范围为$(-\infty, -1.96]$和$[1.96, \infty)$

Step4：计算检验统计量值。

因总体标准差未知，所以用样本标准差代替总体标准差。

$$z = \frac{(\bar{x}_1 - \bar{x}_2) - (\mu_1 - \mu_2)}{\sqrt{\frac{s_1^2}{n_1} + \frac{s_2^2}{n_2}}} = \frac{(33 - 30) - 0}{\sqrt{\frac{8^2}{50} + \frac{6^2}{50}}} = 2.12$$

z 值等于 2.12，对应的 p 值为 0.034。

Step5：决策是否拒绝原假设。

在显著性水平$\alpha = 0.05$的情况下：

- 如果用统计量决策，则看 Step4 计算出来的统计量值是落在拒绝域还是接受域，即比较z和$\left|\pm z_{\frac{\alpha}{2}}\right|$的关系，因$|2.12| > |\pm 1.96|$，落在了拒绝域，所以我们可以拒绝原假设而接受备择假设，承认两组用户的客单价有显著性差异，即两组策略效果是有差异的。
- 如果用p值决策，比较 Step4 计算出来的p值是否小于或等于显著性水平α，0.034 是小于 0.05 的，所以也可以拒绝原假设而接受备择假设。

Excel 实现

在 Excel 中对两个总体均值之差进行检验时，我们可以先根据统计量公式计算得到 z 值，然后计算 z 值对应的 p 值。也可以直接将两组原始数据输入到 Excel 中，得到两组的检验结果。

同样还是单击"数据"选项卡中的"数据分析"命令，如图 5-5 所示。

图 5-5

单击"数据分析"命令以后会出现如图 5-6 所示对话框，选择"z-检验:双样本平均差检验"，单击"确定"按钮。

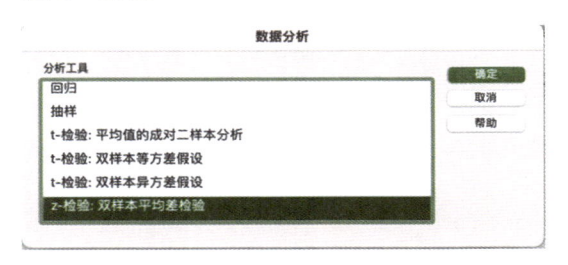

图 5-6

弹出如图 5-7 所示对话框，输入对应内容。"假设平均差"是指零假设的差值，一般都是 0；变量 1 和变量 2 的方差如果有总体方差，则输入总体方差，如果没有则输入样本方差；α 为显著性水平，默认为 0.05，全部输入完成以后，单击"确定"按钮。

图 5-7

最后就会得到如图 5-8 所示的检验结果。

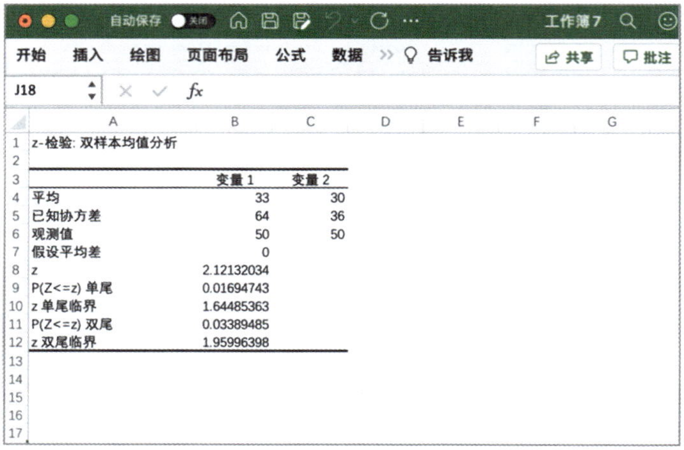

z-检验: 双样本均值分析		
	变量 1	变量 2
平均	33	30
已知协方差	64	36
观测值	50	50
假设平均差	0	
z	2.12132034	
P(Z<=z) 单尾	0.01694743	
z 单尾临界	1.64485363	
P(Z<=z) 双尾	0.03389485	
z 双尾临界	1.95996398	

图 5-8

Python 实现

在 Python 中对两个总体均值之差进行检验的具体实现代码如下。

```
import numpy as np
from scipy.stats import norm
x_mean1 = 33
x_mean2 = 30
s1 = 8
s2 = 6
n1 = n2 = 50
alpha = 0.05

z_alpha_left = norm.ppf(q = alpha / 2) #左临界值
z_alpha_right = norm.ppf(q = 1 - alpha / 2) #右临界值

z = (x_mean1 - x_mean2)/np.sqrt(s1**2/n1 + s2**2/n2) #z 统计量值
p_value = (1 - norm.cdf(abs(z)))*2 #p_value 值

z,p_value
```

运行上面代码得到如下结果。

```
(2.1213203435596424, 0.033894853524689 24)
```

我们也可以直接将均值和标准差代入相应的函数中，就可以得到 z 统计量值和对应的 p 值了，具体实现代码如下。

```
import numpy as np
from statsmodels.stats.weightstats import _zstat_generic
```

```
x_mean1 = 33
x_mean2 = 30
s1 = 8
s2 = 6
n1 = n2 = 50

z,p_value = _zstat_generic(value1 = x_mean1, value2 = x_mean2
                    ,std_diff = np.sqrt(s1**2/n1 + s2**2/n2)
                    ,alternative = 'two-sided')
z,p_value
```

运行上面代码得到的结果与我们用公式计算的结果是一样的。

如果我们有两组的明细数据，则可以直接把两组数据代入相应的函数中，就能够得到 z 统计量值和对应的 p 值了，而不需要提前计算均值和标准差，具体实现代码如下。

```
from scipy.stats import norm
from statsmodels.stats.weightstats import ztest

data1 = norm.rvs(loc = 33, scale = 8, size = 50, random_state=0)
data2 = norm.rvs(loc = 30, scale = 6, size = 50, random_state=0)

z,p_value = ztest(x1 = data1, x2 = data2,alternative = 'two-sided')
z,p_value
```

在上述代码中，同样还是生成两个不同的数据集，在实际工作中直接使用真实的业务数据就行，将这两组数据传入 ztest 中，便可得到检验结果。运行上面代码得到如下结果。

```
(2.040636347153284, 0.04128698656899414)
```

可以看到上面的结果与我们前面计算出来的结果不一样，这是因为生成的随机数据集不一样。我们同样可以把生成的 data1 和 data2 反向代入第一步的代码中，就会得到与用 ztest 完全一样的结果，具体实现代码如下。

```
x_mean1 = data1.mean()
x_mean2 = data2.mean()
s1 = data1.std(ddof = 1)
s2 = data2.std(ddof = 1)
n1 = n2 = 50
alpha = 0.05

z_alpha_left = norm.ppf(q = alpha / 2) #左临界值
z_alpha_right = norm.ppf(q = 1 - alpha / 2) #右临界值

z = (x_mean1 - x_mean2)/np.sqrt(s1**2/n1 + s2**2/n2) #z 统计量值
p_value = (1 - norm.cdf(abs(z)))*2 #p_value 值
```

z,p_value

我们也可以对上述数据进行 t 检验，具体实现代码如下。

```
from scipy.stats import ttest_ind
ttest_ind(a = data1, b = data2)
```

运行上面代码得到如下结果。

Ttest_indResult(statistic=2.0406363471532845, pvalue=0.043976283605467986)

可以看到 t 统计量值与 z 统计量值是一样的，p 值略有差别。

t 检验也有与 _zstat_generic 一样的函数，具体实现代码如下。

```
from scipy.stats import ttest_ind_from_stats
ttest_ind_from_stats(mean1 = x_mean1,std1 = s1,nobs1 = n1,
                    mean2 = x_mean2,std2 = s2,nobs2 = n2)
```

5.7.2　两个总体比例之差的检验

理论讲解

现有两个总体，总体 1 的比例为 π_1，总体 2 的比例为 π_2，两个总体比例之差的检验就是检验 π_1 和 π_2 之间是否存在显著性差异。

接下来，我们看一个实际的例子。

设计部门设计了两款不同的订单页面，现在想要看一下这两个页面对用户购买转化率的影响是否一样？于是，从所有用户中随机抽取 100 名用户，并将这 100 名用户随机分成两组，每组各 50 名，针对第一组用户展示第一个页面，针对第二组用户展示第二个页面。上线一段时间以后，得到第一组用户的平均购买转化率 $p_1 = 60\%$，第二组用户的平均购买转化率 $p_2 = 58\%$。现需要检验这两个样本对应的两个总体平均购买转化率 π_1 和 π_2 是否有显著性差异。

两个总体比例之差的检验与两个总体均值之差的检验差别在于检验统计量的不同。

因我们要检验两个总体平均购买转化率是否有显著性差异，没有规定谁大谁小，所以是一个双侧检验的问题，该检验的原假设和备择假设如下。

H0：$\pi_1 = \pi_2$，$\pi_1 - \pi_2 = 0$

H1：$\pi_1 \neq pi_2$，$\pi_1 - \pi_2 \neq 0$

总体比例之差的检验统计量为：

$$z = \frac{(p_1 - p_2) - (\pi_1 - \pi_2)}{\sqrt{\frac{\pi_1(1-\pi_1)}{n_1} + \frac{\pi_2(1-\pi_2)}{n_2}}} = \frac{(60\% - 58\%) - 0}{\sqrt{\frac{60\%(1-60\%)}{50} + \frac{58\%(1-58\%)}{50}}} = 0.20$$

上式中因总体比例未知，所以用样本比例代替总体比例。

z 值等于 0.20，对应的 p 值为 0.839。

在显著性水平 $\alpha = 0.05$ 的情况下：
- 根据统计量决策，$|0.20| < |\pm 1.96|$，落在了接受域，所以我们没有充分的理由拒绝原假设；
- 根据 P 值决策，$0.839 > 0.05$，也是同样没有充分的理由拒绝原假设。

Excel 实现

在 Excel 中对两个总体的比例之差进行检验时，核心也是求取 z 值对应的 p 值，根据 z 值求 p 值的公式也是用 NORM.S.DIST 函数。

在 Excel 的任意单元格中输入下述公式，得到结果为 0.84。

```
= (1 - NORM.S.DIST(abs(0.20),TRUE))*2
```

Python 实现

在 Python 中对两个总体的比例之差进行检验的具体实现代码如下。

```python
p1 = 0.60
p2 = 0.58
n1 = n2 = 50
alpha = 0.05

z_alpha_left = norm.ppf(q = alpha / 2) #左临界值
z_alpha_right = norm.ppf(q = 1 - alpha / 2) #右临界值

z = (p1 - p2)/np.sqrt(p1*(1-p1)/n1 + p2*(1-p2)/n2) #z 统计量值
p_value = (1 - norm.cdf(abs(z)))*2 #p_value 值

z,p_value
```

运行上面代码得到如下结果。

```
(0.20336295869552123, 0.8388513495213019)
```

5.7.3 两个总体方差比的检验

理论讲解

现有两个总体，总体 1 的方差为 σ_1^2，总体 2 的方差为 σ_1^2，两个总体方差比的检验就是检验 σ_1^2 和 σ_1^2 之间是否存在显著性差异。

策略部门设计了两个缩减司机之间接单差距的策略，现在想要看一下这两个策略在缩减司机之间接单差距方面的影响是否一样？于是，从所有司机中随机抽取 200 名，并将这 200 名随机分成两组，每组各 100 名，针对第一组司机实施第一个策略，针对第二组司机实施第二个策略。上线一段时间以后，得到第一组司机的接单量标准差 $s_1 = 10$，第二组司机的接单量标准差 $s_2 = 5$。现需要检验这两个样本对应的两个总体方差σ_1^2和σ_2^2是否有显著性差异。

两个总体方差比的检验与两个总体均值之差的检验差别在于检验统计量的不同。

因我们要检验两个总体方差是否有显著性差异，没有规定谁大谁小，所以是一个双侧检验的问题，该检验的原假设和备择假设如下。

H0：$\sigma_1^2 = \sigma_2^2$，$\frac{\sigma_1^2}{\sigma_2^2} = 1$

H1：$\sigma_1^2 \neq \sigma_2^2$，$\frac{\sigma_1^2}{\sigma_2^2} \neq 1$

总体方差比的检验统计量为：

$$F = \frac{s_1^2}{s_2^2} \times \frac{\sigma_1^2}{\sigma_2^2} = \frac{10^2}{8^2} \times 1 = 1.56$$

F 值等于 1.56、自由度为（99,99）对应的 p 值为 0.027。在总体方差比检验中 p 值的计算分为如下 3 种情况。

- 双侧检验：$p = 2 \cdot \min\{P(F >= f_0), P(F <= f_0)\}$
- 左侧检验：$p = P(F <= f_0)$
- 右侧检验：$p = P(F >= f_0)$

当s_1^2远小于s_2^2时，F 值很小，在 F 分布中所处的位置靠近左边；当s_1^2远大于s_2^2时，F 值很大，在 F 分布中所处的位置靠近右边。不管 F 值是很大还是很小，都说明s_1^2和s_2^2之间存在显著性差异。

F 分布双侧检验的临界值如下。

$$\text{右临界值：} F_{\alpha/2}(n_1 - 1, n_2 - 1) = F_{0.025}(99,99) = 1.49$$

$$\text{左临界值：} F_{1-\alpha/2}(n_1 - 1, n_2 - 1) = F_{0.975}(99,99) = 0.67$$

在显著性水平$\alpha = 0.05$的情况下：

- 根据统计量决策，因 1.56 > 1.49，落在了拒绝域，所以我们可以拒绝 H0 假设而接受 H1 假设，即认为两套策略在缩减司机之间接单差距方面的影响是不一样的；
- 根据 p 值决策，0.027 < 0.05，也可以拒绝 H0 假设而接受 H1 假设。

Excel 实现

在 Excel 中对两总体方差比进行检验时，核心是求取 F 统计量对应的 p 值，根据 F 统计量求 p 值的公式用的是 F.DIST 函数。

在 Excel 的任意单元格中输入下述公式，得到结果为 0.027。

```
= 2*MIN(F.DIST(1.56,99,99,TRUE),(1-F.DIST(1.56,99,99,TRUE)))
```

Python 实现

在 Python 中对两个总体的方差比进行检验的具体实现代码如下。

```
from scipy.stats import f
s1 = 10
s2 = 8
n1 = n2 = 100

f_alpha_left = f.ppf(q = alpha / 2,dfn = n1 - 1,dfd = n2 - 1) #左侧临界值
f_alpha_right = f.ppf(q = 1 - alpha / 2,dfn = n1 - 1,dfd = n2 - 1) #右侧临界值

f_value = s1**2 / s2**2
p_value = 2*np.min([f.cdf(f_value,dfn = n1 - 1,dfd = n2 - 1)
                    ,1-f.cdf(f_value,dfn = n1 - 1,dfd = n2 - 1)])
f_value,p_value
```

运行上面代码得到如下结果。

(1.5625, 0.027413010443417374)

5.8 假设检验中最小样本量的确定

理论讲解

我们在做假设检验时是通过对样本数据的检验进而达到对总体数据检验的目的。这里就涉及一个问题，多大的样本量可以代表总体呢？理想情况下，肯定是样本量越大越好，而在实际场景下，我们没办法获取到足够多的样本，但是也需要让样本有代表性。我们把能够满足样本具有代表性这个条件的样本量叫作最小样本量。

最小样本量的大小是由 Power 值所决定的，我们在前面介绍过，Power 值表示你有多大把握能够正确地拒绝你的原假设（H0），具体计算公式如下。

$$\text{Power} = \Phi\left(-z_{1-\alpha/2} + \frac{\Delta}{\sqrt{\sigma_1^2/n_1 + \sigma_2^2/n_2}}\right)$$

Φ 表示求 z 值对应的累计概率，即正态分布中的面积，Δ 是两组样本均值之差，σ 为各组样本标准差，n 为样本数。

在一般的假设检验中，我们假设两组样本是同质的，且样本量是一致的，所以有 $\sigma_1 = \sigma_2$，$n_1 = n_2$，将上面的 Power 公式进行转换后可以得到如下最小样本量公式。

$$n = \frac{2\sigma^2(z_{1-\alpha/2} + z_{1-\beta})^2}{\Delta^2}$$

上面公式是两个总体均值之差检验对应的最小样本量公式，如果是两个总体率值之差的检验，最小样本量公式变为：

$$n = \frac{2p(1-p)(z_{1-\alpha/2} + z_{1-\beta})^2}{\Delta^2}$$

上面两个公式中，z_alpha 和 z_beta 值一般是固定的，因为显著性水平 α 值和二类错误 β 值基本是不变的，就只剩下其他几个指标了，但最小样本量的计算一般是在实验开始前进行的，其他指标值也只能用实验开始前的数据。σ 用实验前相同时间内该指标的标准差，p 用实验前相同时间内该指标的转化率，Δ 是两组指标之间的差，如果实验前的数据只有一个值怎么办呢？这里就需要引入另外一个概念，预计最小提升幅度（MDE），这个幅度用来表示两组之间的差值情况，是我们根据经验预计出来的，均值类指标和率值类指标的 Δ 算法略有不同。

对于均值类指标：

$$\Delta = \text{baseline} \times \text{MDE}$$

baseline 为实验前相同时间内该指标的均值（平均水平）。

对于率值类指标：

$$\Delta = \text{MDE}$$

业务部门要在 4 月 1 日至 4 月 7 日这 7 天做一个实验，现需要计算这个实验所需要的最小样本量。在计算最小样本量之前，需要先明确一下实验的核心指标，就是该实验主要希望改变哪个指标。

假设该实验的核心指标为人均在线时长，通过计算用户在实验前的 3 月 25 日至 3 月 31 日期间人均在线时长的均值、标准差分别为 30、20，根据以往策略效果经验，本次策略改动能够让人均在线时长提高 5%，则该实验所需要的最小样本量为：

$$n = \frac{2 \times 20^2 \left(z_{1-\alpha/2} + z_{1-\beta}\right)^2}{(30 \times 0.05)^2}$$

假设该实验的核心指标为购买转化率，通过计算用户在实验前的 3 月 25 日至 3 月 31 日期间平均购买转化率为 55%，根据以往策略效果经验，本次策略改动能够让购买转化率提高 5%，则该实验所需要的最小样本量为：

$$n = \frac{2 \times 0.55(1 - 0.55)\left(z_{1-\alpha/2} + z_{1-\beta}\right)^2}{0.05^2}$$

Excel 实现

在 Excel 中计算最小样本量时，核心是求取 z_alpha 和 z_beta 值，在求这两个值时都需要用到 NORM.S.INV 函数，具体实现公式如下。

```
z_alpha = NORM.S.INV(1 - alpha / 2)
z_beta = NORM.S.INV(1 - beta)
```

Python 实现

在 Python 中计算最小样本量的具体实现代码如下。

```python
#均值检验最小样本量
from scipy.stats import norm
alpha = 0.05
beta = 0.2
sigma = 20
baseline = 30
mde = 0.05
z_alpha = norm.ppf(1 - alpha / 2)
z_beta = norm.ppf(1 - beta)
min_sample_cnt = 2*(sigma**2)*(z_alpha + z_beta)**2 / (baseline*mde)**2
min_sample_cnt
#率值检验最小样本量
from scipy.stats import norm
alpha = 0.05
beta = 0.2
p = 0.55
mde = 0.05
z_alpha = norm.ppf(1 - alpha / 2)
z_beta = norm.ppf(1 - beta)
min_sample_cnt = 2*p*(1-p)*(z_alpha + z_beta)**2 / (mde)**2
min_sample_cnt
```

5.9 A/B 测试的完整流程

大部分公司都会用 A/B 测试来验证某个策略或者某项产品改动是否有效果，以此来决定要不要全面推广。在这个过程中，分析师的主要工作内容就是实验设计和实验评估两部分，接下来我们就看一下完整的 A/B 测试流程具体包含哪些步骤。

Step1：了解业务背景，形成相应假设。

与业务人员沟通本次策略改动的背景是什么，即为什么要做这个改动，希望这个改动会影响什么。比如，要增加新用户注册以后的引导环节，这个改动的背景是通过分析新用户在注册当天的行为路径以后发现，特定路径的用户留存率要普遍高于其他路径，所以希望增加用户引导的环节，将所有新用户都引导到留存率较高的路径上。

Step2：根据业务背景及假设明确实验目的。

实验目的就是本次策略改动希望对哪些指标产生多大幅度的变动，比如，希望通过增加新用户的注册引导流程，进而能够将新用户次日留存率提高 2pp。

Step3：明确实验对象。

明确本次实验是针对哪部分用户有效的，比如，新用户引导中就只针对新用户，沉默激活策略中就只针对沉默用户。

Step4：计算最小样本量及分组比例。

根据最小样本量公式计算每组需要的最小样本量，有了最小样本量以后就可以计算出每组流量的比例。比如，每天总的新用户有 100 万人，计算出来的最小样本量需要 10 万人，那么实验组的流量至少应该是 10%。

Step5：确定实验周期。

实验周期与最小样本量是相互绑定的，因为不同周期，最小样本量公式里的各项指标值是不一样的，但在业务上一般的实验周期是完整周，例如 1 周、2 周。

Step6：针对实验对象进行随机分流。

对实验对象按照事先规定好的流量比例进行随机分流，这个过程一般都是系统实现的，我们了解即可。

Step7：实验效果监控。

在实验期间需要对实验效果进行监控，看实验数据有没有朝着我们预期的方向发展，如果没有，则要及时排查原因，看策略有没有生效、线上有没有 bug 等；如果实验数据是朝着我们预期的方向发展，就可以在实验周期结束后对实验效果进行整体评估。

Step8：实验效果评估。

实验结束以后对实验的整体效果进行评估，评估的核心关键就是看我们关注的指标在两组之间有没有差异，这个差异是否显著性。差异直接用两组的指标值作差即可。判断差异是否显著性需要根据指标类型选择不同的检验方法进行检验。

Step9：实验建议。

根据得到的实验效果对本次实验给出相应的迭代建议。

第 6 章 方差分析

6.1 方差分析在数据分析中的应用场景

我们前面介绍了两个总体均值差的检验方法,主要用来检验两组均值之间是否存在显著性差异。如果需要同时比较多组均值,就需要用到方差分析。

现在业务部门同时提出了 3 个提高用户客单价的策略,业务人员想要知道这 3 个策略之间有没有区别。同样的做法,还是随机挑选部分用户,将这些用户分成 3 组:A 组、B 组、C 组,分别给这 3 组用户实施不同的策略,然后检验这 3 组用户的客单价之间是否存在显著性差异,这个检验方法就可以选择方差分析。

6.2 方差分析的 3 个假设

每一种方法都有其适用的场景,要使用方差分析需要满足如下 3 个假设。

(1)每组样本数据对应的总体应该服从正态分布;

(2)每组样本数据对应的总体**方差要相等**,方差相等又叫作方差齐性;

(3)每组样本数据之间的值是**相互独立**的,就是 A、B、C 这 3 组的值不会相互影响。

6.3 正态性检验方法

6.3.1 直方图检验

直方图检验就是绘制数据的频率分布直方图,通过直方图的形式来判断数据是否服从正态分布。这是最简单的一种判断方法。

6.3.2 Q-Q 图检验

Q 是 quantile 的缩写，即分位数。Q-Q 图是一个散点图，其中，x 轴为分位数，y 轴为分位数对应的样本值。通过散点图可以拟合出一条直线，如果这条直线是从左下角到右上角的一条直线，则可以判断数据符合正态分布，否则不可以。

图 6-1 所示为一份数据的 Q-Q 图，蓝色部分为散点图，红线是根据散点图拟合出来的，该直线符合从左下角到右上角的规则，说明该数据符合正态分布。

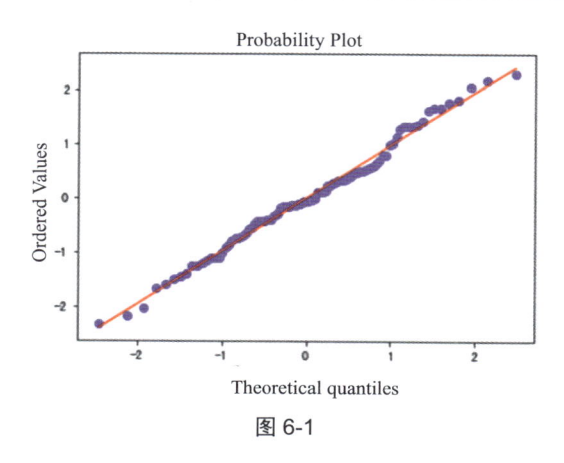

图 6-1

在 Python 中绘制 Q-Q 图的具体实现代码如下。

```
from scipy.stats import probplot
from scipy.stats import norm
import matplotlib.pyplot as plt

norm_data = norm.rvs(size=100)
res = probplot(norm_data, plot=plt)
```

与 Q-Q 图类似的是 P-P 图，两者的区别是前者的 y 轴是具体的分位数对应的样本值，而后者的 y 轴是累计概率。

6.3.3 KS 检验

KS 检验是基于样本累积分布函数来进行判断的。可以用于判断某个样本集是否符合某个已知分布，也可以用于检验两个样本之间的显著性差异。

如果是判断某个样本数据集是否符合某个已知分布，比如正态分布，则需要先计算出标准正态分布的累计分布函数，然后计算样本集的累计分布函数。两个函数在不同的取值处会有不同的差值。我们只需要先找出差值最大的那个点 D；然后基于样本集的样本数和显著性水平找到差值边界值（类似于 z 检验的边界值）；最后判断边界值和 D 的关系。如果 D 小于边界值，则可以认为样本的分布符合已知分布，否则不符合。图 6-2 所示为一份 KS 检验的示意图。

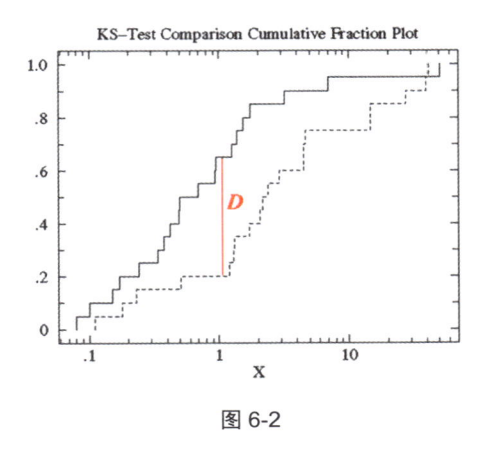

图 6-2

在 Python 中进行 KS 检验的具体实现代码如下。

```
from scipy.stats import kstest
norm_data = norm.rvs(size = 100,random_state = 0)
kstest(rvs = norm_data,cdf = "norm")
```

kstest 函数中的参数 rvs 表示要检验的数据集，参数 cdf 表示要判断是否符合某种分布，运行上面代码得到如下结果。

```
kstestResult(statistic=0.0582486387238324, pvalue=0.8667717341286251)
```

KS 检验的原假设是待检验数据集和已知分布是同一个分布，上述代码计算出来的统计量值很小，p 值很大。这说明我们没有充分的理由拒绝原假设，也就是不能证明待检验数据集不符合正态分布。

6.3.4 AD 检验

AD 检验是在 KS 检验的基础上进行改造的，KS 检验只考虑了两个分布之间差值最大的那个点，这容易受到异常值的影响。AD 检验考虑了分布中每个点处的差值。

在 Python 中进行 AD 检验的具体实现代码如下。

```
from scipy.stats import anderson
norm_data = norm.rvs(size = 100,random_state = 0)
anderson(x = norm_data, dist='norm')
```

运行上面代码得到如下结果。

```
AndersonResult(statistic=0.18097695613924714
        ,critical_values=array([0.555, 0.632, 0.759, 0.885, 1.053])
        ,significance_level=array([15. , 10. , 5. , 2.5, 1. ]))
```

statistic 是检验的整体统计量值；significance_level 是不同的显著性水平；critical_values 是不同显著性水平对应的临界值。用 statistic 与 critical_values 进行比较，如果前者大于后者，就表示可以拒绝原假设。

6.3.5　W 检验

W 检验（Shapiro-Wilk 的简称）是基于两个分布的相关性来进行判断的，会得出一个类似于皮尔逊相关系数的值。值越大，则说明两个分布越相关，越符合某个分布。

在 Python 中进行 W 检验的具体实现代码如下。

```
from scipy.stats import shapiro
norm_data = norm.rvs(size = 100,random_state = 0)
shapiro(norm_data)
```

运行上面代码得到如下结果。

```
ShapiroResult(statistic=0.9926937818527222, pvalue=0.8689165711402893)
```

W 检验、AD 检验与 KS 检验的原假设都是一样的，所以当 p 值大于 0.05 时，就没有充分理由拒绝原假设。

6.3.6　非正态数据转换

前面我们介绍了正态性检验是用来检验数据是否服从正态分布的。那如果数据不符合正态分布，我们应该怎么办？答案就是将非正态数据通过 Box-Cox 变换，进一步转换成符合正态分布的数据。Box-Cox 变换是多种变换的总称，具体的公式如下：

$$y(\lambda) = \begin{cases} \dfrac{y^{(\lambda)} - 1}{\lambda}, & \lambda \neq 0 \\ \ln(y), & \lambda = 0 \end{cases}$$

上面公式中，$y(\lambda)$ 表示变换后的值，根据 λ 值的不同，属于不同的变换，当 λ 值取以下特定的几个值时就变成了特殊的数据变换。

- 当 $\lambda = 0$ 时，Box-Cox 变换就变成了对数变换：$y(\lambda) = \ln(y)$；
- 当 $\lambda = 0.5$ 时，Box-Cox 变换就变成了平方根变换：$y(\lambda) = y^{1/2}$；
- 当 $\lambda = 1$ 时，Box-Cox 变换变换就是它本身：$y(\lambda) = y$；
- 当 $\lambda = 2$ 时，Box-Cox 变换就变成了平方变化：$y(\lambda) = y^2$；
- 当 $\lambda = -1$ 时，Box-Cox 变换就变成了倒数变化：$y(\lambda) = \dfrac{1}{y}$。

λ 值除了可以选择上述的特定值，还可以选择其他值。当我们拿到一份非正态数据时，我们应该取 λ 值等于多少对其进行变换呢？只能通过不断尝试来确定 λ 值取多少时变换效果比较好。这个尝试的过程不需要自己手动去做，Python 中有现成的函数可以用。接下来我们就看一个具体的变换案例。

首先，生成一份非正态数据，并将该份数据的概率分布图绘制出来，这里用的是 gamma 分布，因为该分布是比较典型的偏态分布，具体实现代码如下。

```
import seaborn as sns
from scipy.stats import gamma

gamma_data = gamma.rvs(a = 1,size=1000,random_state = 1)
sns.kdeplot(not_norm_data,color = '#FF5900')
```

运行上面代码得到如图 6-3 所示结果，可以看到是非正态分布的。

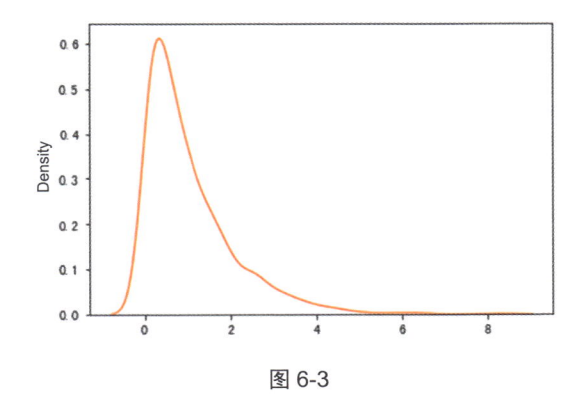

图 6-3

接下来，让 Python 自动寻找最优变换对应的 λ 值，具体实现代码如下。

```
from scipy.stats import boxcox_normmax,boxcox,boxcox_normplot
boxcox_normmax(gamma_data)
```

运行上面代码得到结果 0.2998，得到最优 λ 值以后就可以对其进行变换了，并绘制变换后数据的概率分布图，具体实现代码如下。

```
gamma_norm_data = boxcox(gamma_data,0.2998)
sns.kdeplot(gamma_norm_data,color = "#FF5900")
```

运行上面代码得到如图 6-4 所示结果，可以看到数据变成很标准的正态分布了。

那计算出来的 λ 值是不是最优的呢？我们可以把不同的 λ 值对应的准确度情况列举出来，一看就知道了，具体实现代码如下。

```
import matplotlib.pyplot as plt
lambda_test = boxcox_normplot(gamma_data, -20, 20,plot = plt)
plt.axvline(x = boxcox_normmax(gamma_data),color = "red")
```

运行上面代码得到如图 6-5 所示结果，中间红色那条线的位置就是我们求出来的最优 λ 值，该值对应的准确度也是最高的。

图 6-4

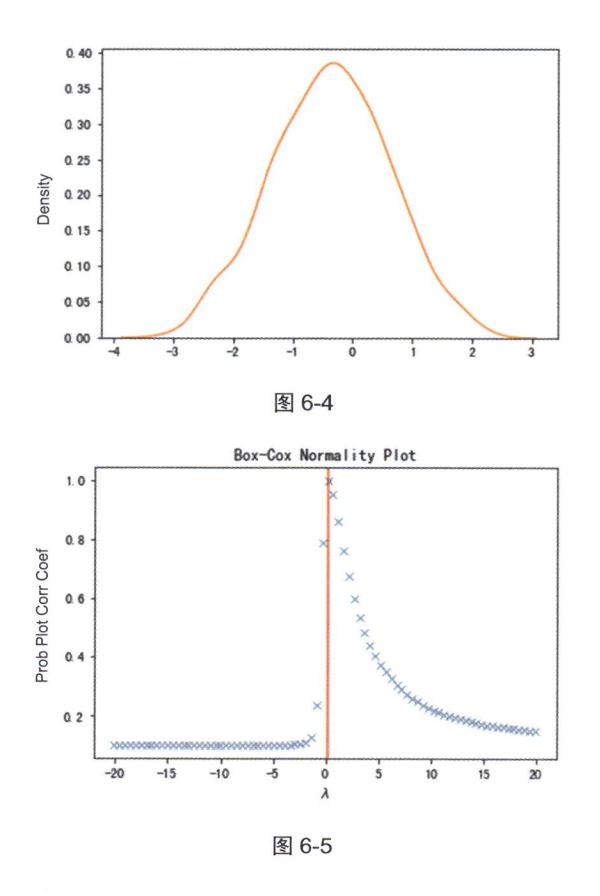

图 6-5

6.4 方差齐性检验方法

要判断不同总体的方差是否相等,也需要用到假设检验的方法,先对总体进行一定的假设,然后根据样本数据对总体进行推断,从而得出是拒绝还是接受假设。常用的判断方法有方差比检验、Hartley 检验、Levene 检验、Bartlett 检验。

6.4.1 方差比检验

方差比检验就是 5.7.3 节讲到的两个总体方差比的检验,适用于比较两组方差的情况。

6.4.2 Hartley 检验

Hartley 检验与方差比的思想比较类似,差别在于 Hartley 检验可适用于多组方差的检验,用多组中最大的方差除以最小的方差,得到一个统计量值 H:

$$H = \frac{\max\{s_1^2 + s_2^2 + \cdots + s_r^2\}}{\min\{s_1^2 + s_2^2 + \cdots + s_r^2\}}$$

但是，因为统计量值 H 暂无明显的分布表达式，我们需要通过模拟方式来获取不同的分位数值，且要求各组样本量相等。

6.4.3 Bartlett 检验

Bartlett 检验是先求取各组样本方差：$s_1^2, s_2^2, \cdots, s_r^2$，然后求取 r 个样本方差的加权算术平均值 MS_e，以及几何平均值 GMS_e，MS_e 和 GMS_e 比值的某个函数是服从 χ^2 分布的，就可以按照卡方检验的方式来进行。

Bartlett 检验适用于各组样本量不相等的情况，但是每组样本量需要大于 5，且数据需要服从正态分布。

在 Python 中进行 Bartlett 检验的具体实现代码如下。

```
from scipy.stats import bartlett

x = [4, 1, 0, 3, 1, 2, 3, 1, 3, 3]
y = [2, 1, 2, 1, 3, 4, 1, 2, 4, 3]
z = [2, 4, 0, 1, 0, 2, 3, 3, 3, 4]

bartlett(x, y, z)
```

运行上面代码得到如下结果。

```
BartlettResult(statistic=0.504884178380239, pvalue=0.7769012025144413)
```

Bartlett 检验的原假设是各组数据的总体方差相等，p 值大于 0.05，没有充分理由拒绝原假设。

6.4.4 Levene 检验

Levene 检验是将每个值先转换为该值与其组内均值的偏离程度，然后用转换后的偏离程度值去做方差分析。Levene 检验的统计量为：

$$W = \frac{(n-k)\sum_{i=1}^{k}(\bar{x}_i - \bar{x})^2}{(k-1)\sum_{i=1}^{k}\sum_{j=1}^{n_i}(x_{ij} - \bar{x}_i)^2}$$

上式中，n 为各组总的样本量，k 为分组数，x_{ij} 为对原始数据进行转换以后的值，$\bar{x}$ 为总样本的均值，$\bar{x}_i$ 为第 i 组的均值。上述公式其实就是方差分析的公式。

关于对 x_{ij} 进行转换的方法有 3 种：均值、中位数、截取平均数（去掉最大和最小值后求均值）。

在 Python 中进行 Levene 检验的具体实现代码如下。

```
from scipy.stats import levene

x = [4, 1, 0, 3, 1, 2, 3, 1, 3, 3]
y = [2, 1, 2, 1, 3, 4, 1, 2, 4, 3]
z = [2, 4, 0, 1, 0, 2, 3, 3, 3, 4]

levene(x, y, z,center = 'median')
```

上述代码中的参数 center 用来指明数据转换的方法，默认采用的是中位数法，还可以采用另外两种取值：均值（mean）、截取平均数（trimmed）。运行上面代码得到如下结果。

`LeveneResult(statistic=0.40909090909090895, pvalue=0.6683020730326701)`

综合以上多种方法，方差比适用于两组样本的方差比较；Hartley 检验虽然可以适用于多组样本的比较，但是要求各组样本量要相等；Bartlett 检验也可以适用于多组样本，也不要求各组样本量要相等，但是要求数据服从正态分布；而 Levene 检验适用于多组样本，且没有限制条件，所以我们一般使用 Levene 检验较多。

6.5 方差分析的基本步骤

理论讲解

方差分析的步骤也基本遵循常规假设检验的步骤，与常规假设检验的区别在于检验统计量的不同。

现在把业务部门提出的 3 个策略分别应用到到 3 组人群中，并且得到了这 3 组人群的客单价结果，接下来我们需要检验这 3 组用户客单价之间是否存在显著性差异：

A 组：80、85、93
B 组：100、91、116、85
C 组：110、125、130、145、160

Step1：提出原假设和备择假设。

H0：各组的客单价均值相等；

H1：各组的客单价均值不相等或不全等。

Step2：根据已知条件构造检验统计量。

方差分析就一个统计量，具体如下：

$$F = \frac{\text{组间方差}}{\text{组内方差}}$$

组间方差用于反映组与组之间的差异程度，组内方差用于反映各组内部数据的差异程度。

Step3：根据要求的显著性水平，求临界值和拒绝域。

F 统计量用来反映组间方差与组内方差的相对大小。当原假设成立时，说明各组之间没有明显差别，此时的组间方差会很小甚至为 0，F 值也会很小。如果 F 值很大，则说明组间方差要远大于组内方差，即各组之间是有明显差异的，所以我们要拒绝 H0 假设。

F 值越大，在 F 分布中所处的位置越靠右，越容易拒绝 H0 假设，所以拒绝域就位于 F 分布的右侧，是一个右单侧检验。

在显著性水平 $\alpha = 0.05$ 的情况下，F 分布的右单侧检验的临界值为：

$$F_\alpha(k-1, n-k) = F_{0.05}(2,9) = 4.256$$

其中，n 为总的样本数，k 为组别数。

Step4：计算检验统计量值。

要计算组间和组内方差，我们需要先计算如下指标。

各组数据的均值 $\bar{x}_i$：

$$\bar{x}_i = \frac{\sum_{j=1}^{n_i} x_{ij}}{n_i}$$

上式中，i 为组别，$\bar{x}_i$ 为 i 组的均值，n_i 为 i 组的样本量个数，x_{ij} 为 i 组中的每一个样本。

$$\bar{x}_1 = \frac{\sum_{j=1}^{3} x_{1j}}{n_1} = \frac{80+85+93}{3} = 86$$

$$\bar{x}_2 = \frac{\sum_{j=1}^{4} x_{2j}}{n_2} = \frac{100+91+116+85}{4} = 98$$

$$\bar{x}_3 = \frac{\sum_{j=1}^{5} x_{3j}}{n_3} = \frac{110+125+130+145+160}{5} = 134$$

全部数据的均值 $\bar{x}$：

$$\bar{x} = \frac{\sum_{i=1}^{k} n_i \bar{x}_i}{n}$$

$$\bar{x} = \frac{3 \times 86 + 4 \times 98 + 5 \times 134}{12} = 110$$

组间平方和（SSA）：

$$SSA = \sum_{i=1}^{k} n_i (\bar{x}_i - \bar{x})^2$$
$$= 3 \times (86-110)^2 + 4 \times (98-110)^2 + 5 \times (134-110)^2 = 5184$$

组内平方和（SSE）：

$$SSE = \sum_{i=1}^{k}\sum_{j=1}^{n_i}(x_{ij}-\bar{x}_i)^2$$

$$= \sum_{j=1}^{n_1}(x_{1j}-\bar{x}_1)^2 + \sum_{j=1}^{n_2}(x_{2j}-\bar{x}_2)^2 + \sum_{j=1}^{n_3}(x_{3j}-\bar{x}_3)^2$$

$$\sum_{j=1}^{n_1}(x_{1j}-\bar{x}_1)^2 = (80-86)^2 + (85-86)^2 + (93-86)^2 = 86$$

$$\sum_{j=1}^{n_2}(x_{2j}-\bar{x}_2)^2 = (100-98)^2 + (91-98)^2 + (116-98)^2 + (85-98)^2 = 546$$

$$\sum_{j=1}^{n_3}(x_{3j}-\bar{x}_3)^2 = (110-134)^2 + (125-134)^2 + (130-134)^2 +$$
$$(145-134)^2 + (160-134)^2 = 1570$$

综上所述，

$$SSE = 86 + 546 + 1570 = 2102$$

总体平方和（SST）：

$$SST = \sum_{i=1}^{k}\sum_{j=1}^{n_i}(x_{ij}-\bar{x})^2$$

$$= (80-110)^2 + (85-110)^2 + (93-110)^2$$
$$+(100-110)^2 + (91-110)^2 + (116-110)^2 + (85-110)^2$$
$$+(110-110)^2 + (125-110)^2 + (130-110)^2 + (145-110)^2 + (160-110)^2$$
$$= 7286$$

通过以上数据，我们可以看出 SST = SSA + SSE。

总体平方和会有一个问题，就是随着数据量越大，这个值就会越大，所以我们引入另外一个概念：均方（Mean Square，MS）。

$$均方 = \frac{平方和}{自由度}$$

其中，自由度是样本数−1，均方与平方和的区别在于考虑了样本量（数据量）的个数，避免了随着数据量越大，平方和越大的问题。

$$组间均方(MSA) = \frac{SSA}{k-1} = \frac{5184}{3-1} = 2592$$

$$组内均方(MSE) = \frac{SSE}{n-k} = \frac{2102}{12-3} = 233.56$$

上面公式中，n 为总的数据个数，k 为组别数。

MSA 又被称为组间方差，MSE 又被称为组内方差。

$$F = \frac{MSA}{MSE} = \frac{2592}{233.56} = 11.10$$

F 值等于 11.10、自由度为 (2,9) 对应的 p 值为 0.0037。

Step5：决策是否拒绝原假设。

在显著性水平 $\alpha = 0.05$ 的情况下：

- 根据统计量决策，因 F 统计量值 11.10＞边界值 4.256，落在了拒绝域，所以我们可以拒绝 H0 假设而接受 H1 假设，即表明各组数据之间存在显著性差异；
- 根据 p 值决策，0.0037＜0.05，也可以拒绝 H0 假设而接受 H1 假设。

通过上面的步骤，我们可以得到如表 6-1 所示的方差分析表。

表 6-1

误差源	平方和（SS）	自由度（df）	均方和（MS）	F 值	显著性
组间（因素影响）	SSA	$k-1$	MSA	MSA/MSE	
组内（误差影响）	SSE	$n-k$	MSE		
总和	SST	$n-1$			

Excel 实现

在 Excel 中实现单因素方差分析时，也需要借助"数据分析"工具库，选择"数据"选项卡下的"数据分析"命令，如图 6-6 所示，在弹出的"数据分析"对话框中选择"方差分析：单因素方差分析"。

图 6-6

单击"确定"按钮，弹出如图 6-7 所示对话框，在对话框内输入对应数据，需要注意分组数据的格式，每一组作为一列，输入完成后，单击"确定"按钮。

生成如图 6-8 所示的方差分析结果，图 6-8 中红框部分均为程序自动生成。

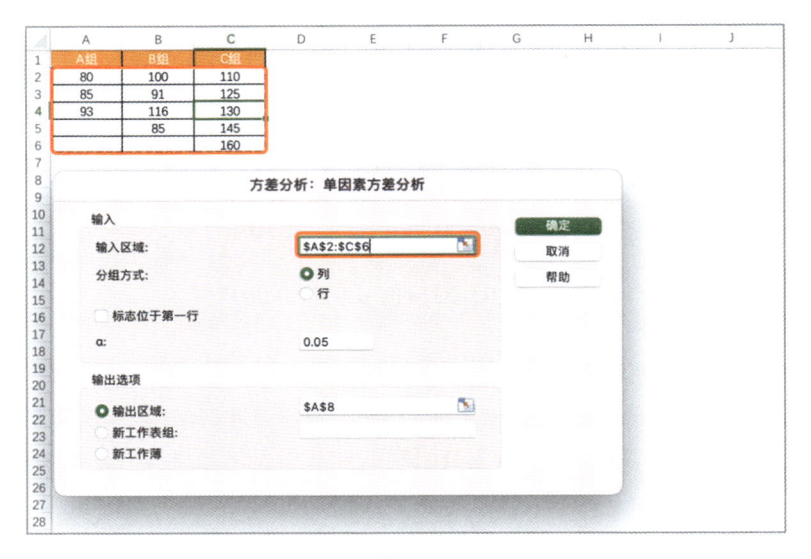

图 6-7

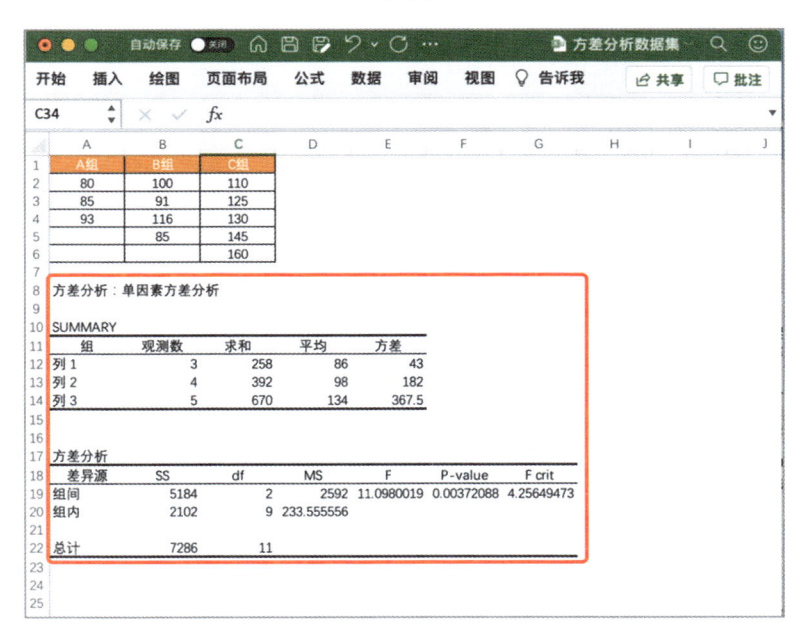

图 6-8

Python 实现

在 Python 中实现单因素方差分析时,可以按照上述检验的步骤实现每一步,但是这样相对比较麻烦。我们可以直接利用现成的函数去实现,具体实现代码如下。

```
from scipy.stats import f_oneway

a = [80,85,93]
b = [100,91,116,85]
c = [110,125,130,145,160]

f_oneway(a,b,c)
```

运行上面代码得到如下结果。

`F_onewayResult(statistic=11.098001902949573, pvalue=0.0037208824630028787)`

我们仅用了一行代码就得到了 3 组数据方差分析的 F 统计量值和对应的 p 值。

6.6 方差分析的多重比较

通过方差分析的结果，可以知道多组均值之间是否存在显著性差异，但是这个显著性差异是整体的显著性差异，我们并不知道任意两组之间的差异情况。所以就有了多重比较，目的就是为了获取任意两组之间的差异情况。

6.6.1 LSD 多重比较法

理论讲解

多重比较的方法有很多种，这里介绍比较基础的一种——LSD（Least Significant Difference），又被称为最小显著性差异方法。

使用 LSD 方法的具体步骤如下。

Step1：提出假设。
- 假设 1：H0，A 组与 B 组无差异；H1，A 组与 B 组有差异。
- 假设 2：H0，A 组与 C 组无差异；H1，A 组与 C 组有差异。
- 假设 3：H0，B 组与 C 组无差异；H1，B 组与 C 组有差异。

Step2：计算检验统计量。

多重比较中的检验统计量就是两组均值之差的绝对值。
- 假设 1：统计量 = |86 − 98| = 12
- 假设 2：统计量 = |86 − 134| = 48
- 假设 3：统计量 = |98 − 134| = 36

Step3：计算 LSD，公式为

$$\text{LSD} = t_{\frac{\alpha}{2}} \sqrt{\text{MSE}\left(\frac{1}{n_i} + \frac{1}{n_j}\right)}$$

$t_{\frac{\alpha}{2}}$ 为 t 分布的临界值，根据 t 分布的公式，要求取临界值，需要先知道显著性水平 α 和自由度。显著性水平一般取值为 0.05，自由度为 $n-k$，其中，n 为样本总数，取值为 12，k 为因素中不同水平的水平个数，取值为 3，所以自由度为 9；MSE 为组内方差，取值为 233.56；n_i 和 n_j 分别为第 i 个水平和 j 个水平下的样本量。

显著性水平为 0.05，自由度为 9 对应的 t 分布的右临界值 $t_{\frac{\alpha}{2}}$ = 2.262

$$LSD_1 = 2.262 \times \sqrt{233.56 \times \left(\frac{1}{3} + \frac{1}{4}\right)} = 26.403$$

$$LSD_2 = 2.262 \times \sqrt{233.56 \times \left(\frac{1}{3} + \frac{1}{5}\right)} = 25.246$$

$$LSD_3 = 2.262 \times \sqrt{233.56 \times \left(\frac{1}{4} + \frac{1}{5}\right)} = 23.190$$

Step4：决策是否拒绝原假设。

如果均值之差的绝对值大于 LSD，则拒绝 H0，否则不拒绝 H0。

因为 12 < LSD_1，所以不拒绝 H0，即没有足够证据证明 A 组和 B 组之间存在显著性差异；

因为 48 > LSD_2，所以拒绝 H0 而接受 H1，即认为 A 组 C 组之间存在显著性差异；

因为 36 > LSD_3，所以拒绝 H0 而接受 H1，即认为 B 组和 C 组之间存在显著性差异。

Excel 实现

在 Excel 中暂且没有可以直接实现多重比较的方法，只能按照上述步骤计算每一步，理论讲解部分的数据就是在 Excel 中计算得到的，这里不再赘述，主要给大家演示如何用 Python 实现。

Python 实现

在 Python 中也没有现成的实现 LSD 的函数，我们只能按照上述的步骤一步步实现，具体实现代码如下。

```python
import numpy as np
from scipy.stats import t

a = [80,85,93]
b = [100,91,116,85]
c = [110,125,130,145,160]

sta_a_b = np.abs(np.mean(a) - np.mean(b))
sta_a_c = np.abs(np.mean(a) - np.mean(c))
sta_b_c = np.abs(np.mean(b) - np.mean(c))
```

```
sse = np.var(a)*len(a) + np.var(b)*len(b) + np.var(c)*len(c)
df = len(a) + len(b) + len(c) - 3
mse = sse / df

alpha = 0.05
t_alpha = t.ppf(q = 1 - alpha/2,df = df)

lsd1 = t_alpha*np.sqrt(mse*(1/len(a) + 1/len(b)))
lsd2 = t_alpha*np.sqrt(mse*(1/len(a) + 1/len(c)))
lsd3 = t_alpha*np.sqrt(mse*(1/len(b) + 1/len(c)))
lsd1,lsd2,lsd3
```

6.6.2 Sidak 多重比较法

理论讲解

我们前面讲过，显著性水平其实就是犯一类错误的概率，LSD 是任意两组之间的比较，假设显著性水平取 0.05，则每一次比较犯一类错误的概率就是 0.05，而 LSD 要比较多次，犯错误的概率就会累加，导致得出来的检验结果也是存疑的。

Sidak 法与 LSD 法的整体流程是一致的，差别在于对每一次检验的显著性水平做了一些调整，而不是每一次都取 0.05，其具体的调整方法为：如果有 k 组数据，对 k 组进行任意两两比较的次数为 $c = \frac{k(k-1)}{2}$，使做完这 c 次比较以后累积犯一类错误的概率为 $1 - (1 - \alpha_s)^c$。

比如，我们前面有 3 组数据，$k = 3$，需要比较的次数 $c = 3$，使做完这 3 次以后累积犯一类错误的概率为 0.05，则有：

$$1 - (1 - \alpha_s)^3 = 0.05$$

通过计算，$\alpha_s = 0.0169$，在该显著性水平下，自由度 9 对应的 $t_{\frac{\alpha_s}{2}} = 2.924$，要大于原来的 2.262，LSD 值越大，越不容易拒绝 H0，即越不容易犯一类错误。

Python 实现

在 Python 中有可以实现 Sidak 多重比较的方法，具体实现代码如下。

```
import pandas as pd
from scipy.stats import ttest_ind
from statsmodels.stats.multicomp import MultiComparison

anova_data =
pd.DataFrame({'group_name':['A','A','A','B','B','B','B','C','C','C','C','C']
              ,'group_value':[80,85,93,100,91,116,85,110,125,130,1
45,160]})

MultiComp = MultiComparison(anova_data['group_value'],
                            anova_data['group_name'])
```

```
MultiComp.allpairtest(ttest_ind,method = 'sidak')[0]
```

上述代码中，我们需要先把各组数据合并成一个 DataFrame，然后将这份数据传入多重比较的函数中。参数 method 表示用于多重比较的方法，这里选择 sidak。运行上面代码得到如图 6-9 所示结果。

```
Test Multiple Comparison ttest_ind FWER=0.05
method=sidak alphacSidak=0.02, alphacBonf=0.017
group1 group2    stat    pval   pval_corr  reject
  A      B     -1.3975  0.2211    0.5275    False
  A      C     -4.0814  0.0065    0.0193    True
  B      C     -3.1623  0.0159    0.0469    True
```

图 6-9

上面结果中，method 用来说明该多重比较用的是什么方法；alphacSidak 指 Sidak 方法调整过后的显著性水平（0.0169 保留两位小数就变成了 0.02）；alphacBonf 指 Bonferroni 方法调整过后的显著性水平；stat 是两组进行普通的 t 检验得到的 t 统计量值；pval 是 t 统计量对应的 P 值；pval_corr 是 pval_corrected 的简写，表示被修正后的 P 值，可以看到 pval_corr 要比 pval 更大一些，更不容易拒绝原假设，即更不容易犯一类错误；reject 用于呈现最终是否要拒绝原假设，False 为不拒绝，True 为拒绝。

6.6.3　Bonferroni 多重比较法

理论讲解

Bonferroni 法与 Sidak 法类似，同样是对 LSD 的显著性水平进行调整，但是要比 Sidak 法更加严格一些，其调整方法为：

$$\alpha_b = \frac{\alpha}{c}$$

α 为累积犯一类错误的大小，c 为总共要比较的次数，α_b 为每一次比较的显著性水平。还是用前面的例子，累积犯一类错误的大小为 0.05，总共需要比较 3 次，则每一次比较的显著性水平 α_b 为 0.0167。在该显著性水平下，自由度为 9 对应的 $t_{\frac{\alpha_s}{2}}$ = 2.932，大于 2.924。

Python 实现

Bonferroni 法的实现与 Sidak 法的实现代码基本一致，具体实现代码如下。

```
from scipy import stats
from statsmodels.stats.multicomp import MultiComparison
```

```
MultiComp = MultiComparison(anova_data['group_value'],
                            anova_data['group_name'])
MultiComp.allpairtest(stats.ttest_ind,method = 'bonferroni')[0]
```

运行上面代码得到如图 6-10 所示结果。

```
Test Multiple Comparison ttest_ind FWER=0.05
method=bonferroni alphacSidak=0.02, alphacBonf=0.017

group1  group2    stat    pval   pval_corr  reject
  A       B     -1.3975  0.2211    0.6633    False
  A       C     -4.0814  0.0065    0.0195    True
  B       C     -3.1623  0.0159    0.0476    True
```

图 6-10

6.7 多因素方差分析

单因素分析就是只考虑一个因素会对要比较的均值产生影响，多因素分析是有多个因素会对均值产生影响，而双因素分析是最简单的多因素分析，因为只有两个因素需要考虑。

这里需要明确两个概念：因素和水平，一个因素可能会有不同的水平，即不同的取值。比如，一张宣传海报里的字体大小和字体颜色就是两个因素，而每个因素下又有不同的水平，如字体因素下有大、中、小 3 个水平，颜色因素下又有浅色和深色两个水平。

多因素方差分析又可以分为两种，一种是有交互作用的，一种是没有交互作用的。什么是交互作用呢？就是因素之间会相互影响。

比如，我们大家所熟知的，牛奶和一些药不可以一起吃，如果单独喝牛奶有助于身体对蛋白质的补充，如果单独吃药可以有助于治疗病情，但是牛奶和药同时吃就可能会把两者的作用抵消掉。这种两者之间的相互作用就可以理解成是交互作用。当然，有时交互作用是正向的，有时是负向的。

6.7.1 无交互作用的多因素方差分析

理论讲解

设计部门设计了不同字体大小和颜色组合的海报宣传图给业务部门用，得到如表 6-2 所示的不同海报的报名情况表，现在想要看一下不同字体大小和不同字体颜色这两个因素是否对销量有显著性影响？

表 6-2

	字体颜色——深色	字体颜色——浅色	均　　值
字体大小——大	142	134	138
字体大小——中	125	115	120
字体大小——小	114	102	108
均　　值	127	117	122

我们先来看看无交互作用的双因素方差分析具体是怎么做的，无交互就是假设字体大小和颜色之间是相互不影响的，只是单独对报名效果产生影响。多因素方差分析的流程与单因素分析流程是一致的。

Step1：提出假设。

多因素方差分析中，需要提出多个假设，两个因素分析提出两个假设。

假设 1：H0，不同字体大小对应的海报之间的报名情况无显著性差异；H1，不同字体大小对应的海报之间的报名情况有显著性差异。

假设 2：H0，不同字体颜色对应的海报之间的报名情况无显著性差异；H1，不同字体颜色对应的海报之间的报名情况有显著性差异。

Step2：根据已知条件构造检验统计量。

对于无交互作用的多因素分析，可以单纯理解为多个单因素分析。检验统计量也是 F 统计量：

$$F = \frac{组间方差}{组内方差}$$

多个因素需要计算多个 F 值，两个因素需要计算两个 F 值。

Step3：根据要求的显著性水平，求临界值和拒绝域。

在显著性水平 $\alpha = 0.05$ 的情况下，两个 F 分布的右单侧检验的临界值为：

$$F_1(k-1,(k-1)(r-1)) = F_A(2,2) = 18.99$$
$$F_2(r-1,(k-1)(r-1)) = F_B(1,2) = 18.51$$

其中，k 为第一个因素字体大小的水平数 3，r 为第二个因素字体颜色的水平数 2。

Step4：计算检验统计量值。

要计算 F 统计量值，需要先计算如下指标。

第一个因素各水平的均值 $\bar{x}_{i\cdot}$：

$$\bar{x}_{i\cdot} = \frac{\sum_{j=1}^{r} x_{ij}}{r}$$

第二个因素各水平的均值 $\bar{x}_{\cdot i}$：

$$\bar{x}_{.j} = \frac{\sum_{i=1}^{k} x_{ij}}{k}$$

上式中，i 为第一个因素的各水平，j 为第二个因素的各水平，$\bar{x}_i$ 为第 i 个水平的均值，k 为第一个因素的水平数，r 为第二个因素的水平数，x_{ij} 为第一个因素与第二个因素交叉下的各个值。

$$\bar{x}_{1.} = \frac{\sum_{j=1}^{2} x_{1j}}{r} = \frac{142 + 134}{2} = 138$$

$$\bar{x}_{2.} = \frac{\sum_{j=1}^{2} x_{2j}}{r} = \frac{125 + 115}{2} = 120$$

$$\bar{x}_{3.} = \frac{\sum_{j=1}^{2} x_{3j}}{r} = \frac{114 + 102}{2} = 108$$

$$\bar{x}_{.1} = \frac{\sum_{j=1}^{2} x_{1j}}{k} = \frac{142 + 125 + 114}{3} = 127$$

$$\bar{x}_{.2} = \frac{\sum_{j=1}^{2} x_{2j}}{k} = \frac{134 + 115 + 102}{3} = 117$$

全部数据的均值 $\bar{x}$：

$$\bar{x} = \frac{\sum_{i=1}^{k} \sum_{j=1}^{r} x_{ij}}{kr} = \frac{142 + 125 + 114 + 134 + 115 + 102}{6} = 122$$

接下来，计算第一个因素的组内平方和：

$$\text{SSA} = \sum_{i=1}^{k} r\,(\bar{x}_{i.} - \bar{x})^2$$
$$= 2 \times (138 - 122)^2 + 2 \times (120 - 122)^2 + 2 \times (108 - 122)^2 = 912$$

第二个因素的组内平方和：

$$\text{SSB} = \sum_{j=1}^{r} k\,(\bar{x}_{.j} - \bar{x})^2$$
$$= 3 \times (127 - 122)^2 + 3 \times (117 - 122)^2 = 150$$

整体平方和：

$$\text{SST} = \sum_{i=1}^{k} \sum_{j=1}^{r} (x_{ij} - \bar{x})^2$$
$$= (142 - 122)^2 + (125 - 122)^2 + (114 - 122)^2 +$$
$$(134 - 122)^2 + (115 - 122)^2 + (102 - 122)^2 = 1066$$

除此之外，还有一个平方和：

$$SSE = SST - SSA - SSB = 4$$

这部分是除字体大小和颜色外的其他因素所产生的，称为随机误差平方和。
有了平方和以后，我们同样需要求取均方，均方 = 平方和/自由度。
- SST 的自由度 = 总水平数 $k.r - 1 = 5$
- SSA 的自由度 = 第一个因素的水平数 $k - 1 = 2$
- SSB 的自由度 = 第二个因素的水平数 $r - 1 = 1$
- SSE 的自由度 = SSA 的自由度×SSB 的自由度 = 2

平方和有了，自由度也有了，均方（MS）也就可以求出来了。

$$MSA = \frac{SSA}{k-1} = \frac{912}{2} = 456$$
$$MSB = \frac{SSB}{r-1} = \frac{150}{1} = 150$$
$$MSE = \frac{SSE}{(k-1)(r-1)} = \frac{4}{2} = 2$$

有了均方（MS）以后，就可以求取 F 值了。

$$\text{第一个因素字体大小的} F_A \text{值} = MSA/MSE = 456/2 = 228$$
$$\text{第二个因素字体颜色的} F_B \text{值} = MSB/MSE = 150/2 = 75$$

Step5： 决策是否拒绝原假设。
- 因 F_A 统计量值 > F_A 临界值，所以拒绝 H0 而接受 H1 假设，即不同字体大小对应的海报之间的报名情况有显著性差异；
- 因 F_B 统计量值 > F_B 临界值，所以拒绝 H0 而接受 H1 假设，即不同字体颜色对应的海报之间的报名情况有显著性差异。

通过上面的步骤，我们可以得到如表 6-3 所示的方差分析表。

表 6-3

误 差 源	平方和（SS）	自由度（df）	均方和（MS）	F 值	显著性（p 值）
字体大小因素	SSA	$k-1$	MSA	MSA/MSE	
字体颜色因素	SSB	$r-1$	MSB	MSB/MSE	
误差因素	SSE	$(k-1)(r-1)$	MSE		
总和	SST	$k.r-1$			

Excel 实现

在 Excel 中实现无交互作用的双因素方差分析时，也需要借助"数据分析"工具库，单击"数据分析"命令之后，在弹出的"数据分析"对话框中选择"方差分析：

无重复双因素分析"命令，单击"确定"按钮。弹出如图 6-11 所示对话框，在对话框中输入数据区域，需要注意数据的格式，行方向是一个因素，列方向是另一个因素。

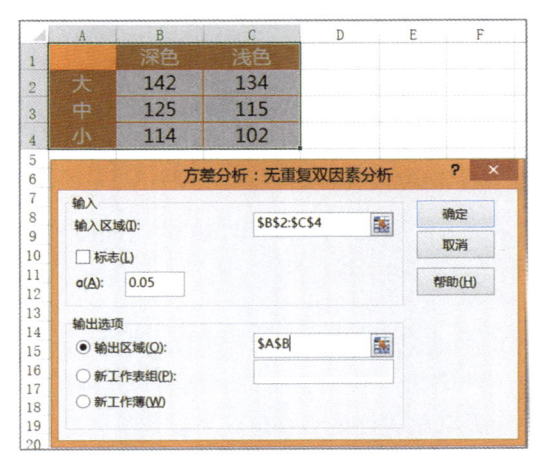

图 6-11

数据区域输入完成后，单击"确定"按钮会生成如图 6-12 所示结果，图 6-12 中红框部分均为程序自动生成。

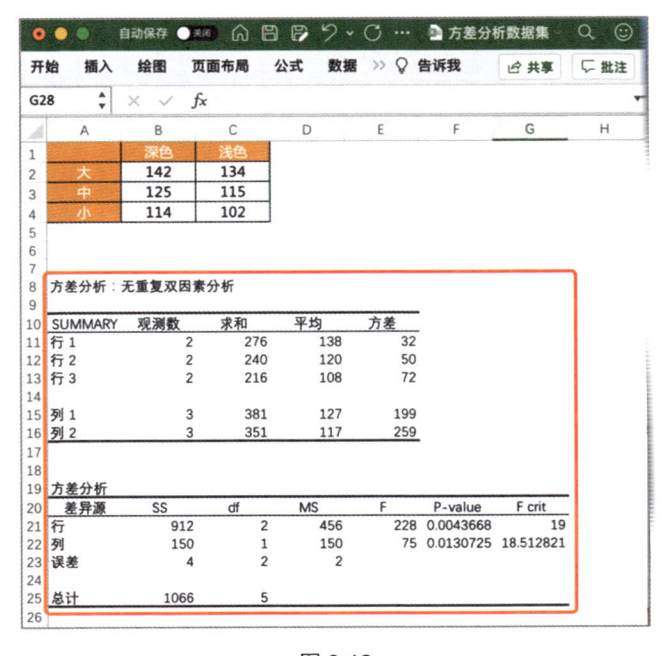

图 6-12

Python 实现

在 Python 中实现多因素方差分析需要借助回归模型来实现，具体实现代码如下。

```python
from statsmodels.formula.api import ols
from statsmodels.stats.anova import anova_lm

df_anova_data1 = pd.DataFrame({'font_size':['大','中','小','大','中','小']
                              ,'font_color':['深色','深色','深色','浅色','浅色','浅色']
                              ,'value':[142,125,114,134,115,102]})

results = ols('value ~ C(font_size) + C(font_color)',data = df_anova_data1).fit()
df_anova_result = anova_lm(results, typ = 1)
df_anova_result
```

上述代码中，我们需要先将数据组合成一个 DataFrame，然后将其传入 ols 模型中，关于 ols 模型的使用和解释，我们会在第 8 章展开介绍，这里读者只需要记住这种用法就可以。value 就是我们关注的目标值，可以理解成是 y；fonct_size 是第一个因素字体大小；fonct_color 是第二个因素字体颜色；中间的符号~相当于等号。将回归结果再传入 anova_lm 中就可以得到最终的方差分析表，结果如图 6-13 所示。

	df	sum_sq	mean_sq	F	PR(>F)
C(font_size)	2.0	912.0	456.0	228.0	0.004367
C(font_color)	1.0	150.0	150.0	75.0	0.013072
Residual	2.0	4.0	2.0	NaN	NaN

图 6-13

上述结果中 df 为自由度，sum_sq 为平方和，mean_sq 为均方和，F 为 F 值，PR(>F) 为 F 值对应的 p 值。第一行为字体大小（font_size）因素的数据表现，第二行为字体颜色（font_color）因素的数据表现，第三行为误差因素的数据表现。可以看到该结果与我们人工计算的结果是一致的。

6.7.2 有交互作用的多因素方差分析

理论讲解

无交互作用的方差分析用到的数据是非重复实验数据，而有交互作用的方差分析需要用到重复实验数据，即相同条件下需要做多次实验得到多个数据观测点。

同样还是前面的案例，我们重复两次得到不同组合下两个数据的观测点，如表 6-4 所示。

表 6-4

	字体颜色——深色	字体颜色——浅色	均　　值
字体大小——大	142、140	134、132	138
字体大小——中	125、126	115、114	120
字体大小——小	114、115	102、105	109
均　　值	127	117	122

有交互作用的多因素方差分析和无交互作用的流程相同，差别在于统计量计算时增加了交互作用的平方和计算，所以我们主要看一下统计量的计算过程。

同样，还是先计算各水平的均值情况：

$$\bar{x}_{1\cdot} = \frac{\sum_{j=1}^{2}\sum_{t=1}^{m}x_{1jt}}{rm} = \frac{142+134+140+132}{4} = 137$$

$$\bar{x}_{2\cdot} = \frac{\sum_{j=1}^{2}\sum_{t=1}^{m}x_{2jt}}{rm} = \frac{125+115+126+114}{4} = 120$$

$$\bar{x}_{3\cdot} = \frac{\sum_{j=1}^{2}\sum_{t=1}^{m}x_{3jt}}{rm} = \frac{114+102+115+105}{4} = 109$$

$$\bar{x}_{\cdot 1} = \frac{\sum_{j=1}^{2}\sum_{t=1}^{m}x_{1jt}}{km} = \frac{142+125+114+140+126+115}{6} = 127$$

$$\bar{x}_{\cdot 2} = \frac{\sum_{j=1}^{2}\sum_{t=1}^{m}x_{2jt}}{km} = \frac{134+115+102+132+114+105}{6} = 117$$

全部数据的均值 $\bar{x}$：

$$\bar{x} = \frac{\sum_{i=1}^{k}\sum_{j=1}^{r}\sum_{t=1}^{m}x_{ijt}}{krm} = \frac{142+140+134+\ldots+102+105}{12} = 122$$

上式中，i 为第一个因素的各水平，j 为第二个因素的各水平，$\bar{x}_i$ 为第 i 个水平的均值，k 为第一个因素的水平数，r 为第二个因素的水平数，m 为实验重复次数，x_{ijt} 为第一个因素与第二个因素交叉下重复实验的数据。

第一个因素的组内平方和：

$$SSA = \sum_{i=1}^{k} rm(\bar{x}_{i\cdot} - \bar{x})^2$$
$$= 4\times(137-122)^2 + 4\times(120-122)^2 + 4\times(109-122)^2 = 1592$$

第二个因素的组内平方和：

$$SSB = \sum_{j=1}^{r} km(\bar{x}_{\cdot j} - \bar{x})^2$$
$$= 6\times(127-122)^2 + 6\times(117-122)^2 = 300$$

两因素交互作用的平方和：

$$SSAB = m \sum_{i=1}^{k} \sum_{j=1}^{r} (\bar{x}_{ij} - \bar{x}_{i.} - \bar{x}_{.j} + \bar{x})^2$$
$$= 2 \times (141 - 137 - 127 + 122)^2 + 2 \times (125.5 - 120 - 127 + 122)^2 +$$
$$2 \times (114.5 - 109 - 127 + 122)^2 + 2 \times (133 - 137 - 117 + 122)^2 + 2 \times$$
$$(114.5 - 120 - 117 + 122)^2 + 2 \times (103.5 - 109 - 117 + 122)^2 = 6$$

上式中，$\bar{x}_{ij}$ 为第 i 个水平和第 j 个水平交叉下的 m 次实验数据的均值。同时上述公式也可以做如下变形：

$$(\bar{x}_{ij} - \bar{x}_{i.} - \bar{x}_{.j} + \bar{x}) = (\bar{x}_{ij} - \bar{x}) - (\bar{x}_{i.} - \bar{x}) - (\bar{x}_{.j} - \bar{x})$$

$(\bar{x}_{ij} - \bar{x})$ 为 i 水平和 j 水平交叉下的值与总体均值的偏差，该偏差理想情况下由三部分组成，第一个因素$(\bar{x}_{i.} - \bar{x})$、第二个因素$(\bar{x}_{.j} - \bar{x})$ 和两个因素的交互作用，用总的偏差减去两个因素分别的作用就剩下交互作用了。这样是不是就理解了交互作用的平方和公式是如何来的呢？

整体平方和：

$$SST = \left(\sum_{i=1}^{k} \sum_{j=1}^{r} \sum_{t=1}^{m} x_{ijt} - \bar{x} \right)^2 = (142 - 122)^2 + (140 - 122)^2 + \cdots +$$
$$(102 - 122)^2 + (105 - 122)^2 = 1908$$

误差平方和：

$$SSE = SST - SSA - SSB - SSAB = 1908 - 1592 - 300 - 6 = 10$$

各平方和对应的自由度为：
- SST 的自由度 = 总样本数 $k.r.m - 1 = 11$
- SSA 的自由度 = 第一个因素的水平数 $k - 1 = 2$
- SSB 的自由度 = 第二个因素的水平数 $r - 1 = 1$
- SSAB 的自由度 = SSA 的自由度 × SSB 的自由度 = 2
- SSE 的自由度 = SST 的自由度 − SSA 的自由度 − SSB 的自由度 − SSAB 的自由度 = $kr(m-1) = 6$

有了平方和和自由度，均方和也就可以计算出来了。

通过上面的步骤，我们可以得到如表 6-5 所示的方差分析表。

表 6-5

误 差 源	平方和（SS）	自由度（df）	均方和（MS）	F 值	显著性（p 值）
字体大小因素	SSA	$k-1$	MSA	MSA/MSE	
字体颜色因素	SSB	$r-1$	MSB	MSB/MSE	
交互作用	SSAB	$(k-1)(r-1)$	MSAB	MSAB/MSE	
误差因素	SSE	$kr(m-1)$	MSE		
总和	SST	$krm-1$			

Excel 实现

在 Excel 中实现有交互作用的双因素方差分析时，也需要借助 "数据分析" 工具库，单击 "数据分析" 命令之后，在弹出的 "数据分析" 对话框中选择 "方差分析：可重复双因素分析"，单击 "确定" 按钮。弹出如图 6-14 所示对话框，在对话框中输入数据区域，以及每一样本的行数。每一样本的行数就是每一个水平的数据个数。

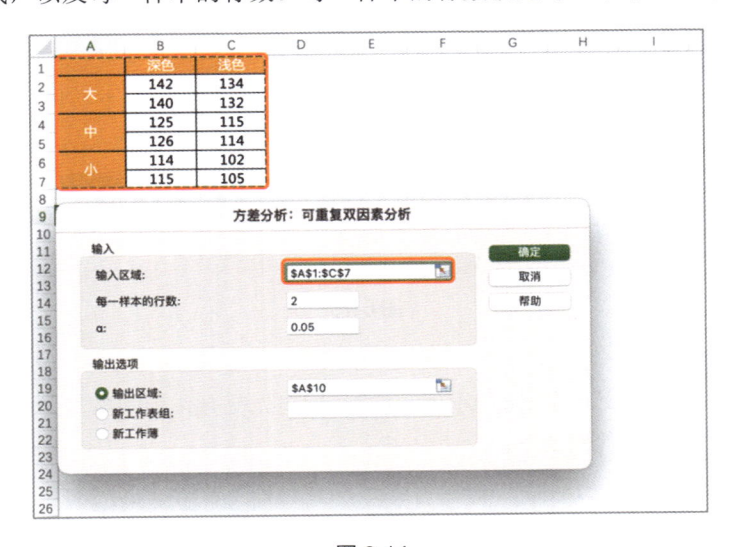

图 6-14

数据区域输入完成后，单击 "确定" 按钮就会生成如图 6-15 所示结果，图 6-15 中红框部分均为程序自动生成。

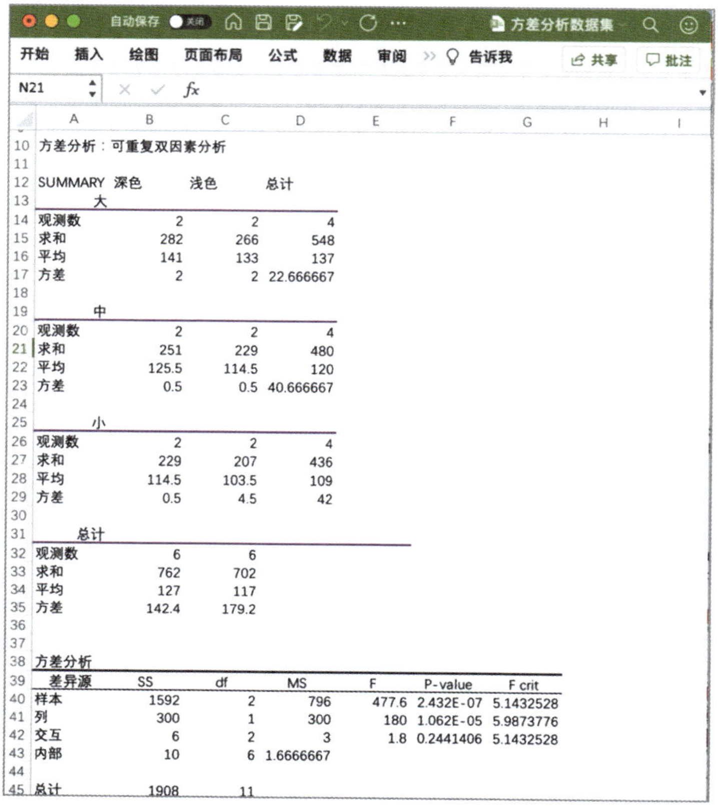

	A	B	C	D	E	F	G
10	方差分析：可重复双因素分析						
11							
12	SUMMARY	深色	浅色	总计			
13	大						
14	观测数	2	2	4			
15	求和	282	266	548			
16	平均	141	133	137			
17	方差	2	2	22.666667			
18							
19	中						
20	观测数	2	2	4			
21	求和	251	229	480			
22	平均	125.5	114.5	120			
23	方差	0.5	0.5	40.666667			
24							
25	小						
26	观测数	2	2	4			
27	求和	229	207	436			
28	平均	114.5	103.5	109			
29	方差	0.5	4.5	42			
30							
31	总计						
32	观测数	6	6				
33	求和	762	702				
34	平均	127	117				
35	方差	142.4	179.2				
36							
37							
38	方差分析						
39	差异源	SS	df	MS	F	P-value	F crit
40	样本	1592	2	796	477.6	2.432E-07	5.1432528
41	列	300	1	300	180	1.062E-05	5.9873776
42	交互	6	2	3	1.8	0.2441406	5.1432528
43	内部	10	6	1.6666667			
44							
45	总计	1908	11				

图 6-15

Python 实现

在 Python 中有交互作用的多因素方差分析与无交互作用的方差分析的实现代码基本一致，具体实现代码如下。

```
from statsmodels.formula.api import ols
from statsmodels.stats.anova import anova_lm

df_anova_data2 = pd.DataFrame({'font_size':['大','大','中','中','小','小'
                                            ,'大','大','中','中','小','小']
                              ,'font_color':['深色','深色','深色','深色','深色','深色'
                                             ,'浅色','浅色','浅色','浅色','浅色','浅色']
                               ,'value':[142,140,125,126,114,115
                                        ,134,132,115,114,102,105]})

results = ols('value ~ C(font_size) + C(font_color) + C(font_size): C(font_color)',
data = df_anova_data2).fit()
df_anova_result = anova_lm(results, typ = 1)
df_anova_result
```

上述代码中，与无交互作用的多因素方差分析相比，就是在回归模型中多了一个参数 C(font_size):C(font_color)，这就表示两个因素之间是有交互作用的。运行上面代码得到如图 6-16 所示结果。

	df	sum_sq	mean_sq	F	PR(>F)
C(font_size)	2.0	1592.0	796.000000	477.6	2.432274e-07
C(font_color)	1.0	300.0	300.000000	180.0	1.061915e-05
C(font_size):C(font_color)	2.0	6.0	3.000000	1.8	2.441406e-01
Residual	6.0	10.0	1.666667	NaN	NaN

图 6-16

第一行为字体大小（font_size）因素的数据表现，第二行为字体颜色（font_color）因素的数据表现，第三行为字体大小与字体颜色交互作用的数据表现。第四行为误差因素的数据表现。可以看到该结果与我们人工计算的结果是一致的。

第 7 章 卡方分析

7.1 卡方分析在数据分析中的应用场景

我们前面介绍过两个总体比例之差的检验，如果要检验多个比例之间是否存在显著性差异，就需要用到卡方分析。卡方分析和方差分析类似，方差分析适用于多组均值的显著性检验，卡方分析适用于多组率值的显著性检验。

7.2 理论讲解

理论讲解

设计部门设计了 3 个不同的订单页面，现在想要看一下这 3 个页面对用户购买转化率的影响是否一样？于是，从所有用户中随机抽取 300 名用户，并将这 300 名用户随机分成 3 组，每组各 100 名，针对 3 组用户分别展示 3 个页面。上线一段时间以后，得到 3 组用户的购买转化率分别为 52%、55%、58%，可以转化为如表 7-1 所示。

表 7-1

组　别	购　买	未购买	合　计	购买转化率
第一组	52	48	100	52%
第二组	55	45	100	55%
第三组	58	42	100	58%
总计	165	145	300	55%

Step1：提出原假设和备择假设。
H0：各组之间的购买转化率相等；
H1：各组之间的购买转化率不相等或不全相等。
Step2：根据已知条件构造检验统计量。

3组整体的购买转化率为55%,如果原假设成立的情况下,即各组之间的购买转化率相等,那么此时各组人数的分布情况应该如表7-2所示。

表 7-2

组 别	购 买	未 购 买	合 计	购买转化率
第一组	55	45	100	55%
第二组	55	45	100	55%
第三组	55	45	100	55%
总计	165	145	300	55%

通过对比表 7-1 和 7-2,我们可以发现各组的购买和未购买人数都不太一样。造成不太一样的原因主要有两个:一个是抽样误差导致的;另一个是我们的假设是错误的,即各组之间的数据本来就是有差异的。那怎么判断到底是哪种错误呢?这时就需要用到卡方统计量。

$$\chi^2 = \sum \frac{(A_i - T_i)^2}{T_i}$$

A_i 为实际频数,T_i 为理论频数。我们把第一个表中各组的值称为实际频数,把第二个表中各组的值称为理论频数。

Step3: 根据要求的显著性水平,求临界值和拒绝域。

卡方统计量用于反映理论频数和实际频数的差异大小。当原假设成立时,此时的差异只是由抽样误差带来的,理论频数和实际频数的差别不会很大,此时统计量值会很小;如果统计量值太大,就不太能够用抽样误差来解释,只能说明原假设不成立,即各组之间的数据本来就有差异。

卡方统计量值越大,在卡方分布中所处的位置越靠右,越容易拒绝 H0,所以拒绝域就位于卡方分布的右侧,是一个右单侧检验。

我们前面讲过,卡方分布与自由度有关,不同自由度对应的卡方分布是不一样的。而自由度又与特征维度有关,自由度 =(行数–1)×(列数–1),我们上面的例子是三行两列的数据,所以最后自由度为2。

在自由度等于 2 的卡方分布中,显著性水平 $\alpha = 0.05$ 对应的右单侧检验的临界值为:

$$\chi^2_{0.05}(2) = 5.99$$

所以拒绝域为[5.99,∞)。

Step4: 计算检验统计量值。

$$\chi^2 = \frac{(52-55)^2}{55} + \frac{(55-55)^2}{55} + \frac{(58-55)^2}{55} + \frac{(48-45)^2}{45} + \frac{(45-45)^2}{45} + \frac{(42-45)^2}{45} = 0.72$$

卡方值为 0.72、自由度为 2，对应的 p 值为 0.6951。

Step5：决策是否拒绝原假设。

在显著性水平 $\alpha = 0.05$ 的情况下：

- 根据统计量决策，因 0.72 < 5.99，落在了接受域，所以我们没有充分理由拒绝原假设；
- 根据 p 值决策，因 0.6951 > 0.05，所以我们没有充分理由拒绝原假设。

7.3 Excel 与 Python 实现

Excel 实现

在 Excel 中实现卡方分析，需要用到 CHISQ.TEST 函数，该函数的形式如下。

```
= CHISQ.TEST(actual_range,expected_range)
```

- actual_range 表示实际数据区域；
- expected_range 表示理想数据区域。

如图 7-1 所示，在 A11 单元格中输入公式 "=CHISQ.TEST(A2:B4,A7:B9)"，按下 Enter 键，得到结果为 0.695144。

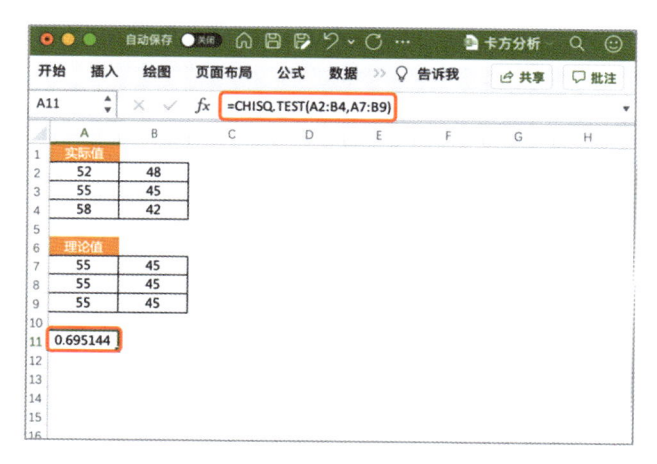

图 7-1

Python 实现

在 Python 中卡方分析的具体实现代码如下。

```
import numpy as np
from scipy.stats import chi2_contingency

data = np.array([[52,48]
                ,[55,45]
                ,[58,42]])

chi2_value, p, dof, ex = chi2_contingency(data)
chi2_value, p, dof, ex
```

上述代码中，我们需要先将数据转化为一个多行多列的 numpy 数组，然后将其传入 chi2_contingency 中，就可以得到卡方统计量值（chi2_value）、p 值、自由度（dof）、理想的数据分布情况，具体结果如下。

```
(0.7272727272727273,
 0.6951439283988787,
 2,
 array([[55., 45.],
        [55., 45.],
        [55., 45.]]))
```

前三项和我们手动计算出来的各项值是一样的，第四项是在原假设成立的情况下，各组的分布情况。

第 8 章 回归模型

8.1 回归模型在数据分析中的应用场景

我们先来看一下什么是回归模型,以下解释来源于百度百科:

回归模型是一种预测性的建模技术,它研究的是因变量(目标)和自变量(预测器)之间的关系。这种技术通常用于**预测分析**,时间序列模型及发现变量之间的**因果关系**。

回归模型有两个重要的应用场景,即预测分析和因果关系分析,比如,我们上学时学过的一元一次方程组 $y = kx + b$ 就是一个最简单的回归模型,当我们知道一个 x 时,比如此时的 x 是月份,就可以通过方程求出这个 x 对应的 y,这里的 y 可以是销量,通过 x 求取 y 的过程就是一个预测的过程。回归模型的系数表示了 x 对 y 的影响大小,这个影响大小就可以理解成是一个因果关系。

回归模型主要根据 x 的多少分为一元线性回归和多元线性回归,一元就是指只有一个 x,而多元是指有多个 x。

8.2 一元线性回归

8.2.1 一元线性回归方程形式

一元线性回归方程的形式如下:

$$y = \beta_0 + \beta_1 x + \epsilon$$

y 是我们要预测或解释的变量,称为因变量。x 是用来预测或解释 y 的变量,称为自变量。β_0 是截距项,即当 x 为 0 时 y 的取值。β_1 是回归直线的斜率,也称为回归系数,表示 x 对 y 的影响大小,系数越大说明 x 对 y 的影响越大。系数为正说明 x 对 y

的影响是正向影响；系数为负，说明 x 对 y 的影响为负向影响。具体的量化影响就是当 x 每变化一个单位时，y 的平均变化量。ϵ 是误差项，用来表示随机变量对 y 的影响情况。

8.2.2 最小二乘参数估计法

参数估计是做什么的呢？是估计什么参数呢？就是用来估计方程 $y = \beta_0 + \beta_1 x + \epsilon$ 中的 β_0 和 β_1 的。可能读者会有这样的疑问，为什么要估计，而不是直接去算？我们在上学时是可以直接去算的，那是因为只有两个点，通过这两个点的直线是确定的，如图 8-1 所示，所以对应的参数也是固定的。

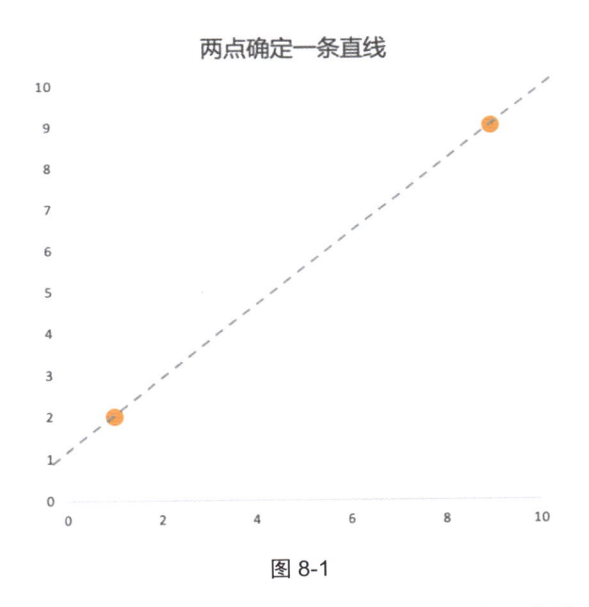

两点确定一条直线

图 8-1

而在实际应用中，数据点往往有多个，这多个点也不在一条直线上。但是，我们希望这些点尽可能地都在一条直线上，所以需要找到一条直线，这条直线到每个数据点的距离都很近（接近于 0），这样就可以用这条距离每个点都尽可能近的直线来近似表示这些点的一个趋势。这条线对应的 β_0 和 β_1 就是我们估计出来的参数，如图 8-2 所示。

我们在找这条直线时有一个原则，就是每个点到这条线的距离尽可能小，最后让所有点到直线的距离最小，如图 8-3 所示。我们把这种方法称为最小二乘法，最小二乘法是参数估计的一种方法。

图 8-2

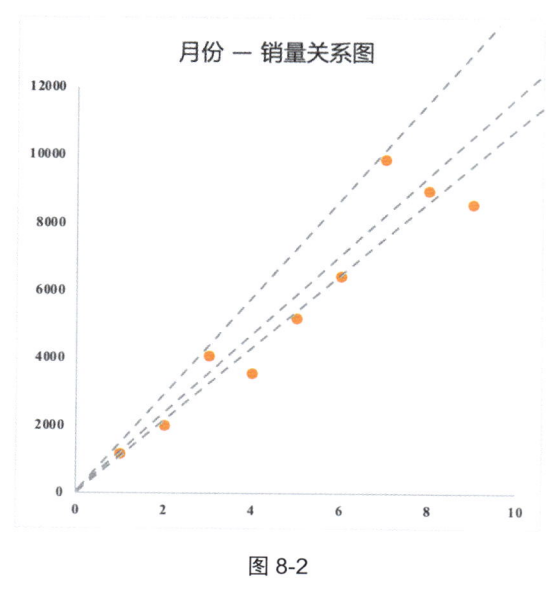

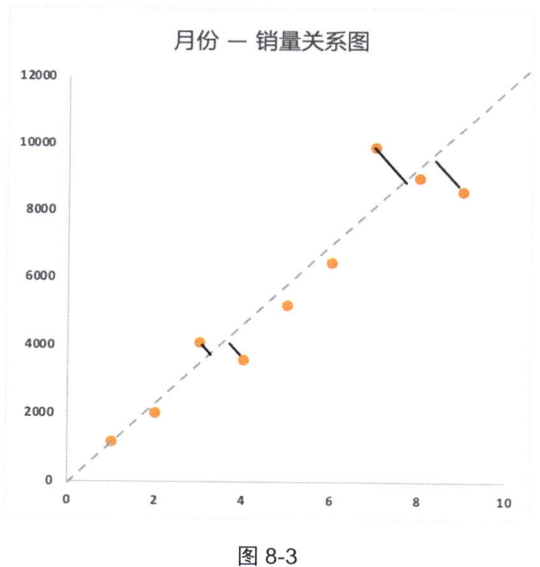

图 8-3

最小二乘法具体的距离为：

$$Q = \sum_{i=1}^{n}(y_i - \hat{y}_i)^2 = \sum_{i=1}^{n}\big(y_i - (\beta_0 + \beta_1 x_i)\big)^2$$

上式中，y_i 为实际值，$\hat{y}_i$ 为估计值，最小二乘法就是求取当 Q 值最小时对应的 β_0 和 β_1 的值。

8.2.3 拟合程度判断

通过参数估计，我们得到了一条可以反映数据点趋势的线，可是这条线的准确度如何呢？也就是和实际数据点走势的拟合程度是怎样的？我们需要判断一下。

先介绍几个关于判断拟合程度的概念。

总平方和（SST）：是与其均值 $\bar{y}$ 之间距离的平方和，可以理解为方差（而非实际方差），用来反映实际值 y 的波动大小。

$$\text{SST} = \sum_{i=1}^{n}(y_i - \bar{y})^2$$

回归平方和（SSR）：是回归值（即预测出来的 y 值）$\hat{y}_i$ 与实际值均值 $\bar{y}$ 之间距离的平方和。这部分变化是由自变量的变化引起的，是可以由回归直线来解释的。

$$\text{SSR} = \sum_{i=1}^{n}(\hat{y}_i - \bar{y})^2$$

残差平方和（SSE）：是回归值 $\hat{y}_i$ 与实际值 y_i 之间距离的平方和。这部分是除自变量影响外的其他影响因素造成的，属于不可解释部分。

$$\text{SSE} = \sum_{i=1}^{n}(\hat{y}_i - y_i)^2$$

通过推导可得，SST = SSR + SSE。

上述公式表示实际值 y 的波动情况由两部分因素决定：一部分是由于自变量 x 不一样导致的 y 的变动（回归平方和）；另一部分是由于除自变量外的随机变量因素决定（残差平方和）的。

我们希望实际值 y 的波动尽可能都是由自变量 x 的变化引起的，而且这个占比越高越可以说明我们的回归直线拟合得好。我们把这个指标称为 $R^2 = \frac{\text{SSR}}{\text{SST}}$。$R^2$ 值越大，说明拟合度越好，该值介于[0,1]之间。

除了使用 R^2，还可以使用估计标准误差 s_e 来衡量回归模型的好坏。估计标准误差用来表示预测值与实际值之间的误差情况。

$$s_e = \sqrt{\frac{\text{SSE}}{n-2}} = \sqrt{\text{MSE}}$$

8.2.4 显著性检验

通过参数估计，我们可以把 β_0 和 β_1 求取出来了，回归模型也就确定了。那是不是就可以直接拿来用了呢？很显然不太能，为什么呢？因为参数估计是根据样本数据估计出来的，所以回归模型反映的也是现有数据的趋势，这些数据的趋势能否代表全量数据的趋势呢？我们需要检验一下。回归模型的显著性检验分为两个部分：一部分是线性关系是否有显著性，也就是 x 和 y 的线性关系是否存在显著性；另一部分是回归系数 β_1 的显著性检验。

线性关系检验

我们先来看一下线性关系的检验，检验的思想和流程与假设检验是一样的。

先假设 x 和 y 之间是没有线性关系的，此时总平方和的波动就完全由残差平方和决定了，也就意味着 SSR/SSE 基本为 0；反之，如果 SSR/SSE 的值很大，则说明回归平方和 SSR 很大，即 x 和 y 之间是有线性关系的，我们就要拒绝原假设了。

还是前面方差分析中提到的，平方和会随着样本数据的增加而增加，所以我们就需要把平方和转换成均方，即平方和/自由度。

在一元线性回归中，回归平方和的自由度为 1（即自变量的个数），残差平方和的自由度为 $n-2$。

$$\text{统计量} F = \frac{\frac{\text{SSR}}{1}}{\frac{\text{SSE}}{n-2}} = \frac{\text{MSR}}{\text{MSE}} \sim F(1, n-2)$$

到这里就与前面的方差分析流程一样了，确定显著性水平，计算显著性水平对应的 F 临界值，然后比较统计量 F 和临界值的大小关系，从而决定要不要拒绝原假设。

回归系数检验

回归系数的检验就是检验系数 β_1 是否显著性等于 0，先假设 β_1 等于 0。回归系数对应的 t 统计量为：

$$t = \frac{\widehat{\beta_1} - \beta_1}{s_{\widehat{\beta_1}}}$$

上式中，$s_{\widehat{\beta_1}}$ 是 $\widehat{\beta_1}$ 的标准差，具体公式如下：

$$s_{\widehat{\beta_1}} = \frac{s_e}{\sqrt{\sum(x_i - \bar{x})^2}} = \frac{\sqrt{\text{MSE}}}{\sqrt{\sum(x_i - \bar{x})^2}}$$

t 统计量服从自由度为 $n-2$ 的 t 分布，当原假设成立时，该统计量变为：

$$t = \frac{\widehat{\beta_1} - 0}{s_{\widehat{\beta_1}}} = \frac{\widehat{\beta_1}}{s_{\widehat{\beta_1}}}$$

接下来，可以根据显著性水平确认临界值和拒绝域，然后计算 t 统计量值，比较统计量值和拒绝域的关系。如果统计量值位于拒绝域，就要拒绝原假设而接受备择假设。

8.2.5　Excel 与 Python 实现

Excel 实现

在 Excel 中实现回归时，也需要借助"数据分析"工具库，同样单击"数据分析"命令，在弹出的"数据分析"对话框中选择"回归"命令，单击"确定"按钮，弹出如图 8-4 所示对话框。

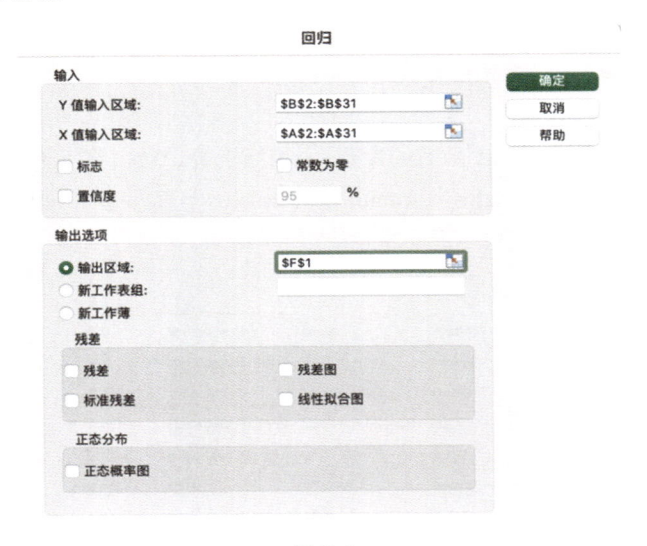

图 8-4

设置对话框中的"Y 值输入区域"和"X 值输入区域"，单击"确定"按钮，生成如图 8-5 所示的回归结果，图 8-5 中红框部分均为程序自动生成。

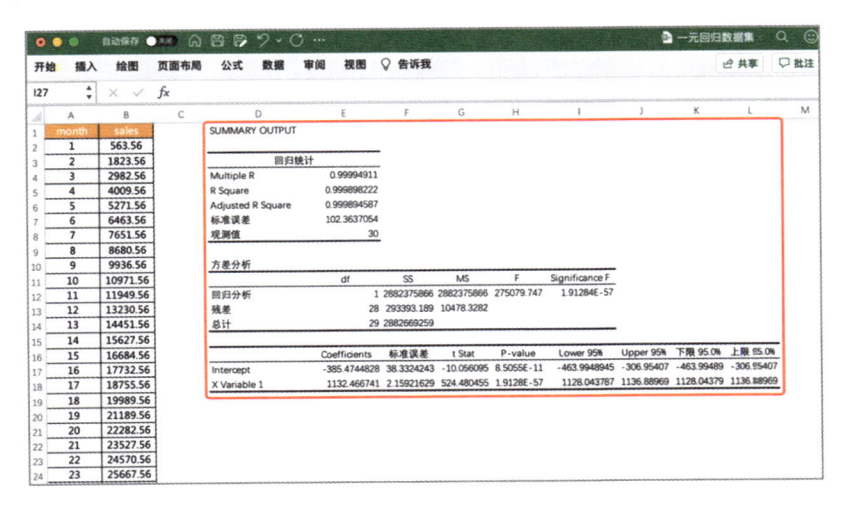

图 8-5

Python 实现

在 Python 中一元线性回归的具体实现代码如下。

```
import pandas as pd
from statsmodels.formula.api import ols

df1 = pd.read_excel('/Users/zhangjunhong/Desktop/share/excel-python 统计学/回归分析/一元回归数据集.xlsx')

results = ols('sales ~ month',data = df1).fit()
results.summary()
```

上述代码中，核心是 ols 函数的参数，~相当于等于号，将 y 和 x 连接起来，~号左边的是 y，右边的是 x。sales ~ month 等同于 sales $= \beta_0 + \beta_1$ month，我们就是要求取 β_0 和 β_1 的值。运行上面代码得到如图 8-6 所示结果。

```
                            OLS Regression Results
========================================================================
Dep. Variable:              sales      R-squared:              1.000
Model:                        OLS      Adj. R-squared:         1.000
Method:             Least Squares      F-statistic:         2.751e+05
Date:            Sun, 24 Apr 2022      Prob (F-statistic):   1.91e-57
Time:                    08:17:40      Log-Likelihood:        -180.39
No. Observations:                30      AIC:                    364.8
Df Residuals:                    28      BIC:                    367.6
Df Model:                         1
Covariance Type:         nonrobust
========================================================================
                coef    std err       t      P>|t|    [0.025    0.975]
------------------------------------------------------------------------
Intercept   -385.4745    38.332  -10.056    0.000   -463.995  -306.954
month       1132.4667     2.159  524.480    0.000   1128.044  1136.890
========================================================================
Omnibus:             2.091     Durbin-Watson:       1.261
Prob(Omnibus):       0.351     Jarque-Bera (JB):    1.344
Skew:               -0.245     Prob(JB):            0.511
Kurtosis:            2.086     Cond. No.            36.5
```

图 8-6

上述结果中一般主要关注红框圈出来的部分即可，关于各参数的详细解释，如表 8-1 所示。

表 8-1

参 数	说 明
R-squared	判断模型拟合程度的 R^2
Adj.R-squared	判断模型拟合程度的调整 R^2，在 8.3 节介绍

续表

参　　数	说　　明
F-statistic	线性关系显著性检验的 F 统计量值
Intercept	回归模型的截距项，即 β_0 值
month	回归模型 x 对应的系数，即 β_1 值
coef	具体的系数值
std err	标准误差，即 s_β 值
t	t 统计量
P	t 统计量对应的 p 值
[0.025	coef 值置信区间的左侧
0.975]	coef 值置信区间的右侧

如果想要单独获取上述结果中的某一项结果值时，则可以使用如下代码。

```
results.params  #获取 coef 值列
results.bse  #获取 std err 值列
results.tvalues  #获取 t 值列
results.pvalues  #获取 p 值列
results.conf_int()  #获取[0.025,0.975]
```

8.3 多元线性回归

8.3.1 多元线性回归方程形式

多元线性回归方程的形式如下：

$$y = \beta_0 + \beta_1 x_1 + \beta_2 x_2 + \cdots + \beta_k x_k + \epsilon$$

x_1、x_2、$\cdots$、x_k 表示不同自变量，β_1、β_2、$\cdots$、β_k 是与自变量对应的回归系数。β_0 还是截距项，ϵ 是误差项。

8.3.2 最小二乘参数估计法

多元线性回归方程中各个参数估计与一元线性回归方程中的估计是类似的，也用最小二乘参数估计法，差别在于一元回归方程拟合的是一条线，而多元回归方程拟合的是一个面。我们只需要了解估计原理就行，对于具体的拟合，一般都可通过工具实现。

8.3.3 拟合程度判断

在多元回归里，拟合程度的判断也与一元回归类似，主要有总平方和、回归平方和、残差平方和这 3 种。

多元回归里面也有R^2，而

$$R^2 = \frac{SSR}{SST} = 1 - \frac{SSE}{SST}$$

每加入一个新变量，这个新变量就会贡献一部分平方和，而这个平方和就是从残差里分离出来的，所以残差平方和 SSE 就会降低，进而使R^2增加。

为了避免盲目增加自变量而导致得到一个虚高的R^2，所以就有了修正后的R^2。公式如下：

$$R^2_{adjusted} = 1 - \frac{SSE/(n-k-1)}{SST/(n-1)}$$

上述公式中，n 为样本量的个数，k 为自变量的个数，通过 n 和 k 来调整R^2，这样就不会出现随着自变量个数的增加而导致R^2也跟着增加的情况。一般用调整后的R^2来判断多元回归的准确性。

在多元回归模型中，同样也可以使用估计标准误差来反映预测值与实际值之间的误差情况。

$$s_e = \sqrt{\frac{SSE}{n-k-1}} = \sqrt{MSE}$$

8.3.4 显著性检验

我们在一元线性回归里也做过显著性检验，在多元回归里同样需要做显著性判断。

多元线性回归的显著性检验也分为两种，线性关系检验和回归系数检验。

线性关系检验

线性关系检验就是检验 y 和多个 x 之间的关系是否有显著性，是总体显著性检验。检验方法与一元线性回归一致，我们先假设 y 和众多 x 之间没有线性关系，即 $\beta_1 = \beta_1 = \cdots = \beta_k = 0$，备择假设是$\beta_1, \beta_2, \cdots, \beta_k$中至少有一个不为 0，然后根据 F 统计量进行判断。

$$\text{统计量} F = \frac{\frac{SSR}{k}}{\frac{SSE}{n-k-1}} = \frac{MSR}{MSE} \sim F(k, n-k-1)$$

接下来，确定显著性水平，查看显著性水平对应的 F 临界值，然后比较统计量 F 和临界值的大小关系，从而决定要不要拒绝原假设。

回归系数检验

线性关系的显著性检验是对多个回归系数进行检验，只要有一个系数是显著性的，线性关系就是显著性的；而回归系数检验是用来检验每一个系数的情况，可以理解成是多个一元回归系数的检验。检验统计量为：

$$t_i = \frac{\hat{\beta}_i}{s_{\hat{\beta}_i}} \sim t(n-k-1)$$

检验统计量服从自由度为 $n-k-1$ 的 t 分布。接下来就可以根据显著性水平确认临界值和拒绝域，然后计算 t 统计量值，比较统计量值和拒绝域的关系。如果统计量值位于拒绝域，就要拒绝原假设而接受备择假设。

8.3.5　多重共线性

多元线性回归与一元线性回归还有一个不同点就是，多元回归有可能会存在多重共线性。

什么是多重共线性呢？多元回归中我们希望是多个 x 分别对 y 起作用，也就是 x 分别与 y 相关。但在实际场景中，可能 x_1 与 x_2 之间彼此相关，我们把这种 x 变量之间彼此相关的情况称为多重共线性。多重共线性可能会让回归得到一个错误的结果。

既然多重共线性的问题很严重，那我们应该如何发现呢？最简单的一种方法就是求变量之间的相关性，如果两个变量之间高度相关，就可以认为存在多重共线性。

还有一种方法是计算每个变量的 VIF（Variance Inflation Factor）值，可以用该值的大小来判定变量是否存在多重共线性。

$$\text{VIF} = \frac{1}{1-R_i^2}$$

R_i 是将第 i 个自变量当作因变量，其他自变量仍然作为自变量，建立回归模型得到的 R^2 值。针对每一个自变量执行相同的操作，最后就可以得到每一个自变量的 VIF 值，该值越大，说明多重共线性越严重。一般当该值大于 10 时，认为多重共线性比较严重。

对于存在多重共线性的变量，我们一般把其从模型中删除掉即可。

8.3.6　Excel 与 Python 实现

Excel 实现

在 Excel 中实现多元线性回归与一元线性回归的方式是一样的，仍然打开"回归"对话框，只需要在"X 值输入区域"选中多列即可，具体如图 8-7 所示。

图 8-7

输入完成以后生成如图 8-8 所示结果。

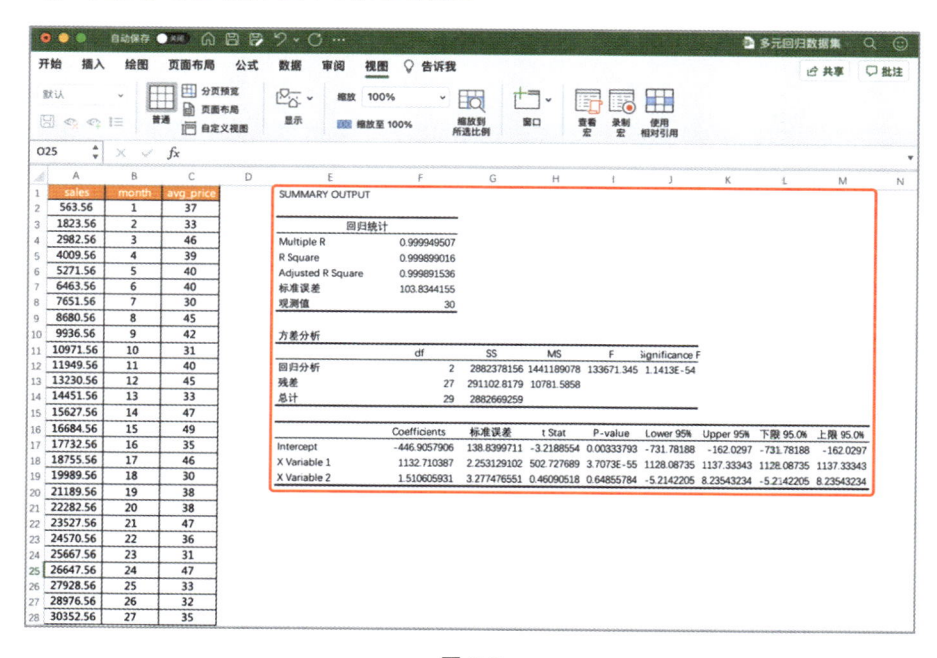

图 8-8

Python 实现

在 Python 中多元线性回归与一元线性回归的实现是类似的，就是从一个 x 变成了

多个 x，具体实现代码如下。

```python
import pandas as pd
from statsmodels.formula.api import ols

df2 = pd.read_excel('/Users/zhangjunhong/Desktop/share/excel-python统计学/回归分析/多元回归数据集.xlsx')

results = ols('sales ~ month + avg_price',data = df2).fit()
results.summary()
```

上述代码是二元线性回归，有两个 x，即 month 和 avg_price，如果我们有更多个 x，直接在后面加就可以了。比如再增加一个 x3，代码就可以写成 `sales ~ month + avg_price + x3`。运行上述代码得到如图 8-9 所示结果。

```
                            OLS Regression Results
==============================================================================
Dep. Variable:                  sales   R-squared:                       1.000
Model:                            OLS   Adj. R-squared:                  1.000
Method:                 Least Squares   F-statistic:                 1.337e+05
Date:                Mon, 25 Apr 2022   Prob (F-statistic):           1.14e-54
Time:                        08:33:21   Log-Likelihood:                -180.27
No. Observations:                  30   AIC:                             366.5
Df Residuals:                      27   BIC:                             370.7
Df Model:                           2
Covariance Type:            nonrobust
==============================================================================
                 coef    std err          t      P>|t|      [0.025      0.975]
------------------------------------------------------------------------------
Intercept   -446.9058    138.840     -3.219      0.003    -731.782    -162.030
month       1132.7104      2.253    502.728      0.000    1128.087    1137.333
avg_price      1.5106      3.277      0.461      0.649      -5.214       8.235
==============================================================================
Omnibus:                        2.271   Durbin-Watson:                   1.331
Prob(Omnibus):                  0.321   Jarque-Bera (JB):                1.474
Skew:                          -0.292   Prob(JB):                        0.479
Kurtosis:                       2.084   Cond. No.                         305.
```

图 8-9

二元回归的结果与一元回归的结果相比就是多了一行关于 avg_price 的结果值。如果有多个 x 就会有多行 x 的结果。

8.4 协方差分析

8.4.1 理论讲解

前面我们介绍了方差分析和回归分析，方差分析主要是比较多组均值之间是否存在显著性差异，回归分析用来拟合自变量与因变量之间的关系。将方差分析与回归分析组合在一起就是协方差分析了。当我们要研究的因变量不只受自变量的影响，还受其他因素的影响时，就需要用到协方差分析。我们把影响因变量的其他因素称为协变量，协方差分析的方程形式如下：

$$y = \beta_0 + \beta_1 x_1 + \beta_2 x_2 + \epsilon$$

式中，β_0 是截距项，是最基础的取值；$\beta_1 x_1$ 是方差分析的部分，x_1 是自变量，一般取值为 0 或 1；$\beta_2 x_2$ 是回归分析的部分，x_2 是协变量；ϵ 是误差项。

比如，要研究不同促销策略对用户客单价（atv）的影响，不同的促销策略就是自变量，用户客单价是因变量，根据业务经验可知，用户客单价会受到过往客单价的影响，所以我们把用户在未受策略前的过往客单价作为协变量加入模型中，就可以得到如下模型：

$$\text{atv} = \beta_0 + \beta_1 \text{group} + \beta_2 \text{atv}_{lt30} + \epsilon$$

atv 为我们研究期间用户的客单价，group 为促销策略类型，假设只有两种取值情况，当取值为 1 时表示升级版促销策略，当取值为 0 时表示基础版促销策略；atv_{lt30} 为用户过去 30 天的平均客单价情况。

当 group 取值为 1 时，模型变为：

$$\text{atv} = (\beta_0 + \beta_1) + \beta_2 \text{atv}_{lt30} + \epsilon$$

当 group 取值为 0 时，模型变为：

$$\text{atv} = \beta_0 + \beta_2 \text{atv}_{lt30} + \epsilon$$

通过上面的模型可以绘制出如图 8-10 所示图形。

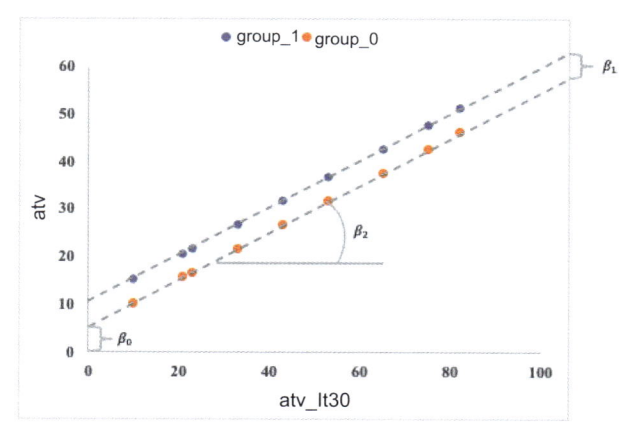

图 8-10

β_0 是当 group 等于 0、atv_{lt30} 等于 0 时，用户的客单价情况；β_1 是当 group 等于 1 时比 group 等于 0 时平均高出的客单价，即升级版促销策略的用户客单价要比普通版促销策略的用户客单价高 β_1；β_2 是过往客单价与研究期间用户客单价的关系。

以上就是关于协方差分析的内容和应用场景，协方差分析中的参数估计和显著性检验与多元回归是类似的，这里就不展开了。

8.4.2 Excel 与 Python 实现

Excel 实现

在 Excel 中实现协方差分析时与实现普通回归基本一样，只不过需要先将类别变量转换成 0/1，然后传入回归模型中。具体如图 8-11 所示。

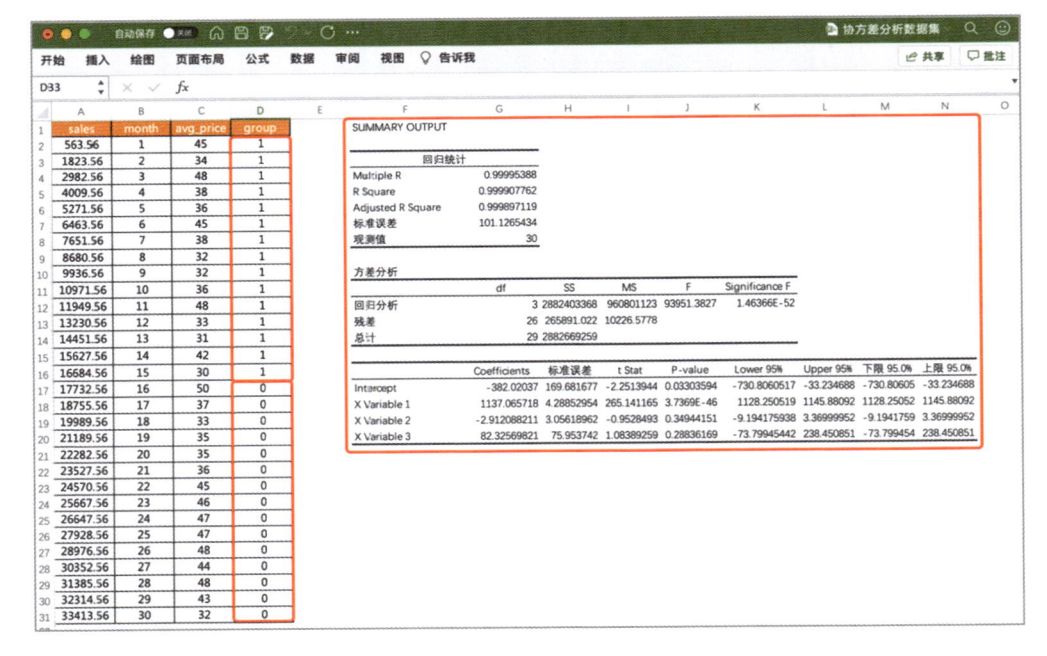

图 8-11

Python 实现

在 Python 中协方差分析与多元回归分析的区别在于多了一个类别变量，具体实现代码如下。

```
import pandas as pd
from statsmodels.formula.api import ols

df3 = pd.read_excel('/Users/zhangjunhong/Desktop/share/excel-python 统计学/回归分析/协方差分析数据集.xlsx')
```

```
results = ols('sales ~ month + avg_price + C(group)',data = df3).fit()
results.summary()
```

上述代码中，group 是一个类别变量，对于类别变量，我们是不可以直接将其加入模型中的，我们需要告诉计算机这是一个类别变量，只需要在这个变量名外面加个字母 C，即 C（变量名）。运行上述代码得到如图 8-12 所示结果。

	OLS Regression Results			
Dep. Variable:	sales	R-squared:	1.000	
Model:	OLS	Adj. R-squared:	1.000	
Method:	Least Squares	F-statistic:	9.395e+04	
Date:	Mon, 25 Apr 2022	Prob (F-statistic):	1.46e-52	
Time:	08:35:05	Log-Likelihood:	-178.91	
No. Observations:	30	AIC:	365.8	
Df Residuals:	26	BIC:	371.4	
Df Model:	3			
Covariance Type:	nonrobust			

	coef	std err	t	P>|t|	[0.025	0.975]
Intercept	-382.0204	169.682	-2.251	0.033	-730.806	-33.235
C(group)[T.before]	82.3257	75.954	1.084	0.288	-73.799	238.451
month	1137.0657	4.289	265.141	0.000	1128.251	1145.881
avg_price	-2.9121	3.056	-0.953	0.349	-9.194	3.370

Omnibus:	1.462	Durbin-Watson:	1.375	
Prob(Omnibus):	0.481	Jarque-Bera (JB):	1.368	
Skew:	-0.457	Prob(JB):	0.505	
Kurtosis:	2.491	Cond. No.	421.	

图 8-12

上述结果与多元回归的区别就是多了一行类别变量的结果值，类别变量 group 有 before 和 after 两个取值，结果中展示的 before 表示当 group 取值为 before 时与取值为 after 时 sales 的差值情况。

回归模型还有一个用法就是前面方差分析所用到的交互项，关于交互项有两种表示方式，一种是用*，另一种是用 :。

```
y ~ a*b 等同于 y = a + b + a X b
y ~ a + b +a:b 等同于 y = a + b + a X b
```

第 9 章 相关性分析

9.1 相关性分析在数据分析中的应用场景

相关性分析里最主要的一个指标就是相关系数，相关系数是用来衡量两个变量之间相关性大小的一个量化指标。

在数据分析中，通过相关性分析可以找到与目标变量高度相关的变量，比如，我们现在想要知道影响用户留存的相关因素都有哪些？就可以求取留存率这个变量与其他变量之间的相关系数，相关系数大的变量就是与留存率高度相关的因素，那我们就可以进一步分析这些高度相关的因素，进而找到影响留存的真正因素。

9.2 相关系数的种类

相关系数主要有 3 种：皮尔逊（Pearson）相关系数、斯皮尔曼（Spearman）相关系数和肯德尔（Kendall）相关系数 3 种。

9.2.1 皮尔逊相关系数

在介绍皮尔逊相关系数前，我们先介绍另外一个概念，协方差。协方差用来表示两个变量总体的误差，方差是协方差的一种特殊情况，当两个变量相等时，协方差就变成了方差。协方差的公式如下：

$$\text{cov}(x,y) = \frac{\sum_1^n (x_i - \bar{x})(y_i - \bar{y})}{n-1}$$

当变量 x 和变量 y 相等时，上式就变成了方差的公式：

$$\text{cov}(x,x) = \frac{\sum_1^n (x_i - \bar{x})(x_i - \bar{x})}{n-1} = \frac{\sum_1^n (x_i - \bar{x})^2}{n-1}$$

那协方差和相关性又有什么关系呢？我们需要从协方差的公式入手。通过上面公式可以看出，协方差等于两个变量各自与均值之差的乘积和。

- 如果变量 x 与其均值的大小关系和变量 y 相同，即变量 x 和 y 的值要么同时大于均值，要么同时小于均值，那这时得到的协方差就全为正数，且协方差值达到最大；
- 如果变量 x 与其均值的大小关系和变量 y 完全相反，比如，变量 x 大于其均值时变量 y 刚好小于其均值，这时得到的协方差全为负数，且协方差值达到最小；
- 如果变量 x 与其均值的大小关系和变量 y 部分相同，两者的乘积会有正有负，这时得到的协方差值就是介于最大值和最小值之间。

变量 x 和变量 y 的 3 种情况如图 9-1 所示。

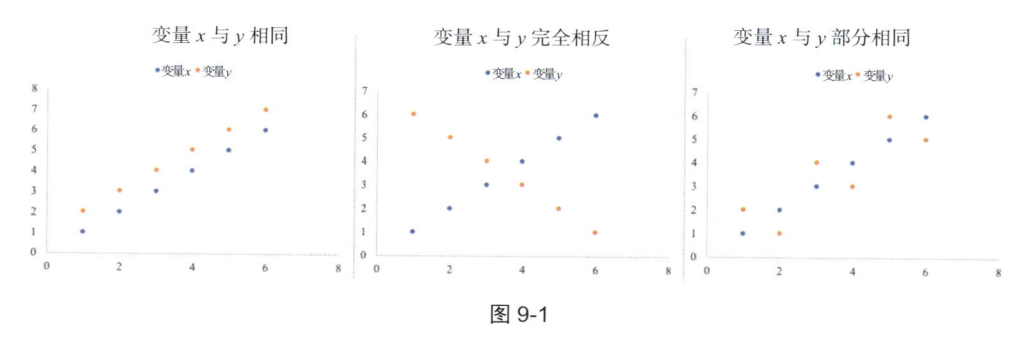

图 9-1

协方差有一个问题，就是容易受到量纲的影响，所谓的量纲就是单位，比如，年龄和身高不是一个单位，当变量 x 和 y 量纲之间的差别很大时，就会对协方差结果产生很大影响。如图 9-2 所示，左右两边 x 和 y 的趋势基本都一致，但是因为量纲不同（看纵坐标值），所以最后算出来的协方差会相差很大。

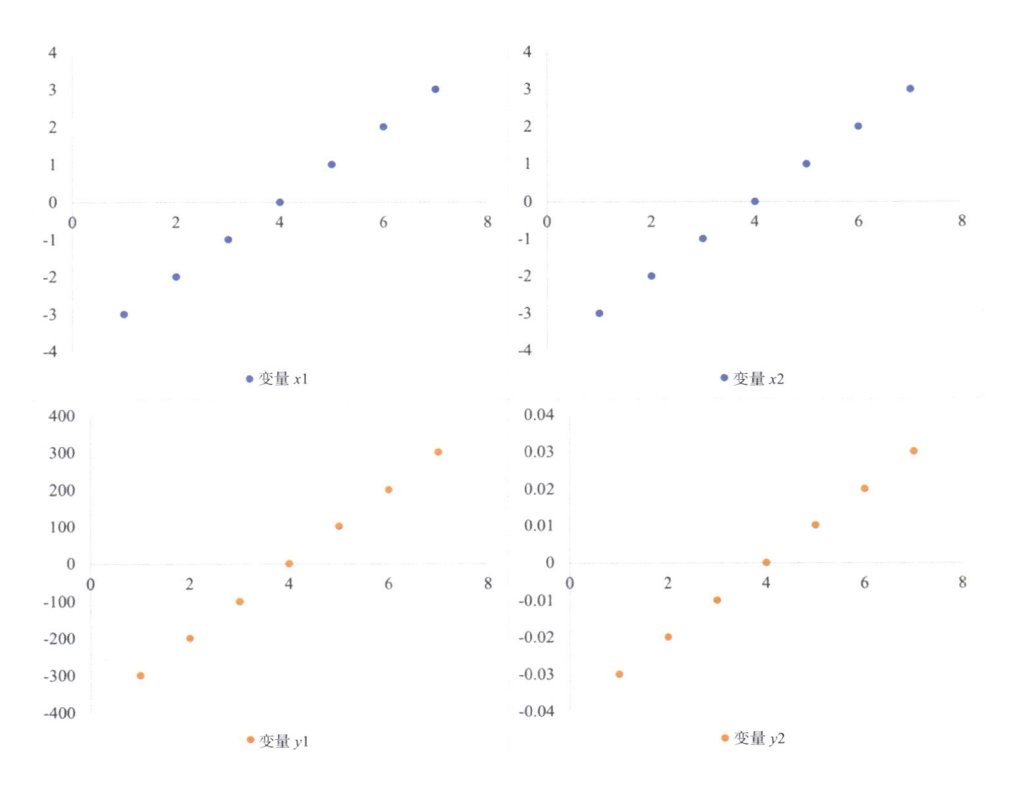

图 9-2

表 9-1 为图 9-2 中用到的数据集，感兴趣的读者可以根据公式自己计算一下。

表 9-1

变量 $x1$	变量 $y1$	变量 $x2$	变量 $y2$
−3	−300	−3	−0.03
−2	−200	−2	−0.02
−1	−100	−1	−0.01
0	0	0	0
1	100	1	0.01
2	200	2	0.02
3	300	3	0.03

那对于上面这种不同量纲的影响我们该怎么办呢？明明趋势一致，但是算出来的协方差值会相差很大。是什么原因导致的？我们要用什么方法解决？协方差差别大的原因是因为量纲不同的原因引起的，那我们针对变量进行去量纲化处理就行，怎么去量纲呢？就是在协方差的基础上再除以各自变量的标准差，这样就可以消除不同量纲

的影响，具体公式如下：

$$\frac{\text{cov}(x, y)}{\sigma_x \sigma_y}$$

上面这个公式就是皮尔逊相关系数的公式，这个系数的取值在[-1,1]之间，当值大于 0 时，说明两个变量正相关，且值越接近于 1，相关程度越强；当值小于 0 时，说明两个变量负相关，且值越接近于-1，相关程度越强。

协方差不仅会受量纲的影响，还会受到异常值的影响，如果有异常值，则会拉高或拉低平均值，导致最后算出来的结果会有偏差。

9.2.2 斯皮尔曼相关系数

皮尔逊相关系数容易受到异常值的影响，过高和过低的值都会导致最后的结果有偏差，那有没有一种方法可以避免这种情况呢？斯皮尔曼相关系数可以避免异常值的影响，该方法之所以可以避免异常值影响，是因为这种方法没有使用变量的绝对值，而是使用了变量中绝对值出现的顺序，顺序就是将所有变量值从小到大进行排序，该系数的具体公式如下：

$$\text{Spearman} = 1 - \frac{6 \sum_{i=1}^{n} (u_i - v_i)^2}{n(n^2 - 1)}$$

n 为样本个数，u_i 为变量 x 中第 i 个值出现的顺序，v_i 为变量 y 中第 i 个值出现的顺序。

9.2.3 肯德尔相关系数

肯德尔相关系数是与斯皮尔曼相关系数类似的一种，也是采用变量值出现的顺序，但是与斯皮尔曼相关系数略有不同。

具体求取方法为：先将变量 x 进行升序排列，然后对变量 y 从第一个开始，依次往后进行两两比较，最后看随着 x 的增大，变量 y 增大的值有多少，降低的值有多少，通过增大个数和降低个数的比较来判定两个变量的相关性。

如表 9-2 所示，当我们对变量 x 进行升序排列以后，我们对变量 y 从第一个值开始进行两两比较，一共需要比较的组合有：(1,3)、(1,6)、(1,2)、(1,5)、(1,4)、(3,6)、(3,2)、(3,5)、(3,4)、(6,2)、(6,5)、(6,4)、(2,5)、(2,4)、(5,4)，然后我们看这里面 x 大于 y 的组合有多少，x 小于 y 的组合有多少。

表 9-2

x	y
1	1

续表

x	y
2	3
3	6
4	2
5	5
6	4

如果随着变量 x 的增大，变量 y 增大的值越多，降低的值越少，则说明两个变量之间越正相关；如果随着变量 x 的增大，变量 y 增大的值越少，降低的值越多，则说明两个变量之间越负相关；如果随着变量 x 的增大，变量 y 增大的值与降低的值比较接近，则说明两个变量之间的相关性比较弱。

9.2.4 Excel 与 Python 实现

Excel 实现

在 Excel 中计算两个变量的相关系数用的是 CORREL 函数，该函数的形式如下。

```
= CORREL(array1,array2)
```

- array1 为变量 1 的数据范围；
- array2 为变量 2 的数据范围。

Python 实现

在 Python 中可以直接使用 corr 函数求取两个变量之间的相关系数，具体实现代码如下。

```
import pandas as pd
df = pd.DataFrame({'col1':[1,3,5,7,9]
                  ,'col2':[2,4,6,9,10]})

df.corr()
```

运行上面代码得到如表 9-3 所示结果。

表 9-3

	col1	col2
col1	1.000000	0.992157
col2	0.992157	1.000000

函数 corr 中有一个参数 method 用来指明相关性系数的类别，默认是皮尔逊相关系数，参数值为 pearson；斯皮尔曼相关系数的参数值为 spearman；肯德尔相关系数

的参数值为 kendall。

9.3 相关与因果

相关和因果是很多数据分析新人最容易混淆的概念，我们需要记住的是，高相关性不代表具有因果关系。高相关性说明两个变量之间的变化方向相同，而因果关系是说明一个导致了另外一个的发生。

比如，我们发现用户的差评量与留存率存在高相关性，但是并不代表差评会让用户留存率变高，而差评多的原因之一是因为消量本来就多，消量越多的商品用户留存率会越高。

在实际工作中，我们在得出高相关性的变量以后，要根据业务经验进行综合判断两者之间出现高相关性的原因是什么，以及两者之间是否真的存在因果关系。

第 10 章 时间序列

10.1 时间序列在数据分析中的应用场景

时间序列是按照一定的时间间隔排列的一组数据，其时间间隔可以是任意的时间单位，如小时、日、周、月等。比如，不同时间段某产品的用户数量，以及某个在网站的用户行为，这些数据形成了以一定时间间隔的数据。

在数据分析中对时间序列的分析主要分为两步：第一步是研究时间序列的变化规律和趋势；第二步是根据发现的规律对未来的时间序列进行预测，通过预测值来指导业务人员制订下一步计划。

10.2 平稳时间序列预测

时间序列可以分为平稳时间序列与非平稳时间序列两种。本节我们主要看一下平稳时间序列如何进行预测。

所谓的平稳时间序列，就是随着时间的推移，指标的数值不发生改变，或者在某个小范围内波动。定量一点来讲，就是随着时间的推移，该指标的均值和方差不发生变化。如图 10-1 所示，随着时间的推移，均值和方差基本保持不变。

针对平稳时间序列，主要有简单平均法、移动平均法、指数平滑法这 3 种预测方法。

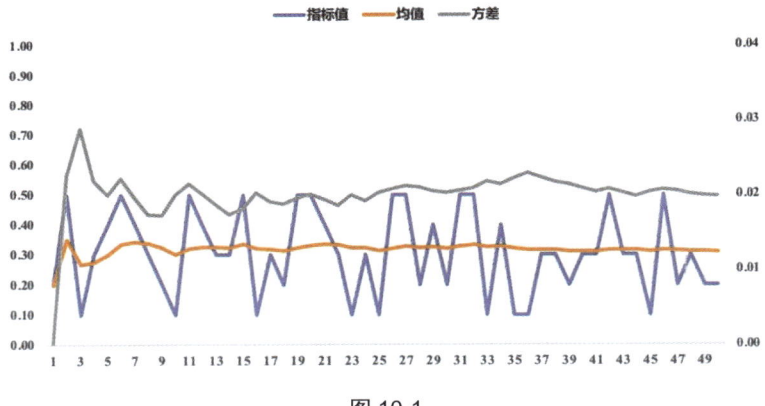

图 10-1

10.2.1 简单平均法

简单平均法就如它的名字一样，就是对已有的数据简单平均一下，并将得到的均值作为下一期的预测值。比如，现在有 1 月至 11 月每月的销量数据，要预测 12 月的销量情况，简单平均法就是对现有的 11 个月的数据求平均，然后将这个平均值作为 12 月的预测值，如表 10-1 所示。

表 10-1

月 份	销 量（件）	预 测 值
1 月	1200	
2 月	1100	
3 月	1150	
4 月	1250	
5 月	1150	
6 月	1200	
7 月	1160	
8 月	1060	
9 月	1110	
10 月	1260	
11 月	1160	
12 月	1210	1164

10.2.2 移动平均法

理论讲解

简单平均法适用于数据基本维持不变的情况,但是有的具有周期性的时间序列,如果还用简单平均法,误差就会偏大。这时就可以考虑移动平均法,移动平均法是不用已有的全部数据去求平均,而是用最近一段时间的数据去求平均。

比如,我们可以对 9 至 11 月这 3 个月的销量求平均,并将平均值作为 12 月的预测值,如表 10-2 所示。

表 10-2

月　份	销量（件）	预测值
9 月	1110	
10 月	1260	
11 月	1160	
12 月	1210	1177

可以看到,移动平均法预测出来的值比普通平均法预测出来的值更接近真实值 1210。

我们认为距离未来越近的数值应该对未来的影响越大,也就是在预测中应该占更大的权重,在移动平均法的基础上给不同数值赋予不同的权重,并将加权平均值作为未来的预测值。

我们还是对 9 至 11 月这 3 个月的销量求平均,并分别给这 3 个月的权重为 1、2、3,最后将加权平均值作为 12 月的预测值,如表 10-3 所示。

$$预测值 = \frac{1110 \times 1 + 1260 \times 2 + 1160 \times 3}{1 + 2 + 3} = 1185$$

表 10-3

月　份	销量（件）	预测值
9 月	1110	
10 月	1260	
11 月	1160	
12 月	1210	1185

可以看到,加权移动平均法预测出来的值比普通移动平均法预测出来的值更接近真实值 1210。

加权移动平均法的核心在于移动多少,以及每一期的权重应该定多少,这个需要去测试,看具体哪种取值对应的准确度要高一些。

Excel 实现

在 Excel 中实现移动平均法用的是 AVERAGE 函数，如图 10-2 所示，在 C4 单元格中输入公式“=AVERAGE(B2:B4)”，然后下拉填充即可。我们这里的移动平均是移动三项，所以在 C4 单元格中输入公式，如果是移动四项，则需要在 C5 单元格中输入公式“=AVERAGE(B2:B5)”。

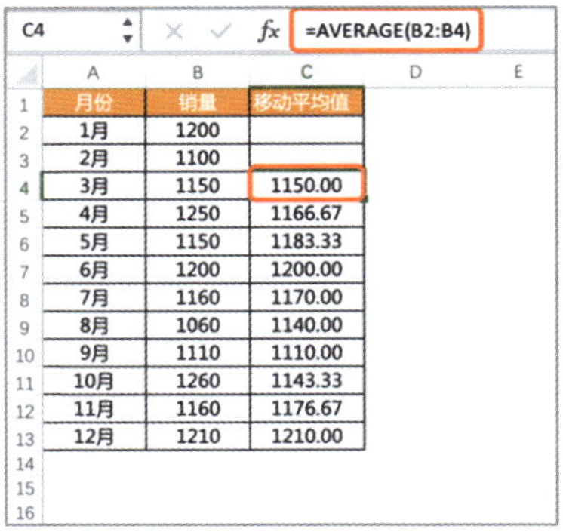
C4 =AVERAGE(B2:B4)

	A	B	C
1	月份	销量	移动平均值
2	1月	1200	
3	2月	1100	
4	3月	1150	1150.00
5	4月	1250	1166.67
6	5月	1150	1183.33
7	6月	1200	1200.00
8	7月	1160	1170.00
9	8月	1060	1140.00
10	9月	1110	1110.00
11	10月	1260	1143.33
12	11月	1160	1176.67
13	12月	1210	1210.00

图 10-2

Python 实现

在 Python 中实现移动平均法有现成的函数 rolling，具体实现代码如下。

```
import pandas as pd
df = pd.DataFrame({'月份':[str(i)+'月' for i in range(1,13)]
                   ,'销量':[1200,1100,1150,1250,1150,1200,1160,1060,1110,1260,
1160,1210]})

df['销量'].rolling(3).mean()
```

上面代码中，rolling 后面括号中的值就是移动的位数，运行上面代码得到如下结果。

```
0             NaN
1             NaN
2     1150.000000
3     1166.666667
4     1183.333333
5     1200.000000
6     1170.000000
7     1140.000000
8     1110.000000
9     1143.333333
10    1176.666667
11    1210.000000
Name: 销量, dtype: float64
```

10.2.3 指数平滑法

理论讲解

指数平滑法其实是一种特殊的加权平均法，我们前面的加权移动平均中，每一期的权重是人工给定的；指数平滑法中，每一期的权重是呈指数增长的，距离未来越近权重越高，指数平滑的预测模型如下：

$$F_{t+1} = \alpha Y_t + (1-\alpha)F_t$$

式中，F_{t+1} 为第 $t+1$ 期的预测值，Y_t 为第 t 期的实际值，F_t 为第 t 期的预测值，α 为加权的权重。

当 t 等于 1 时，$t+1$ 期的预测值为：

$$F_{1+1} = F_2 = \alpha Y_1 + (1-\alpha)F_1$$

当 t 等于 2 时，$t+1$ 期的预测值为：

$$F_{2+1} = F_3 = \alpha Y_2 + (1-\alpha)F_2$$

当 t 等于 3 时，$t+1$ 期的预测值为：

$$\begin{aligned}
F_{3+1} = F_4 &= \alpha Y_3 + (1-\alpha)F_3 \\
&= \alpha Y_3 + (1-\alpha)(\alpha Y_2 + (1-\alpha)F_2) \\
&= \alpha Y_3 + \alpha(1-\alpha)Y_2 + (1-\alpha)^2 F_2 \\
&= \alpha Y_3 + \alpha(1-\alpha)Y_2 + (1-\alpha)^2(\alpha Y_1 + (1-\alpha)F_1) \\
&= \alpha Y_3 + \alpha(1-\alpha)Y_2 + \alpha(1-\alpha)^2 Y_1 + (1-\alpha)^3 F_1
\end{aligned}$$

由上式可以推出指数平滑模型的另一个公式：

$$F_{t+1} = \alpha(1-\alpha)^0 Y_t + \alpha(1-\alpha)^1 Y_{t-1} + \cdots + \alpha(1-\alpha)^{t-1} Y_1 + (1-\alpha)^t F_1$$

F_{t+1} 为第 $t+1$ 期的预测值，$Y_1, \cdots, Y_t$ 为第 1 期、2 期、t 期的实际值，F_1 为第 1 期的预测值，也叫初始值，一般让其等于 Y_1；α 为每一期的权重值，需要注意的是，最后一项是 $(1-\alpha)$，而不是 $\alpha(1-\alpha)$。

指数平滑的核心在于 α 值的选取，具体选多少，需要通过实验，以确定取值多少时对应的准确度比较高。

Excel 实现

在 Excel 中实现指数平滑需要借助"数据分析"工具库，首先单击"数据"选项卡中的"数据分析"命令，如图 10-3 所示，然后在弹出的"数据分析"对话框中选择"指数平滑"，单击"确定"按钮。

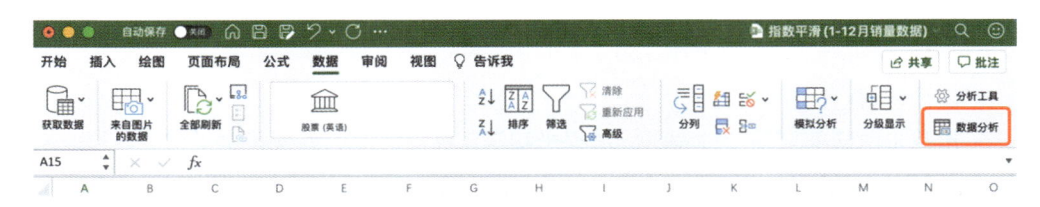

图 10-3

弹出如图 10-4 所示对话框，在"输入区域"选择原始数据。需要注意的是，阻尼系数是 $1-\alpha$ 值，而不是 α 值，"输出区域"选择与原始数据区域挨着的位置。

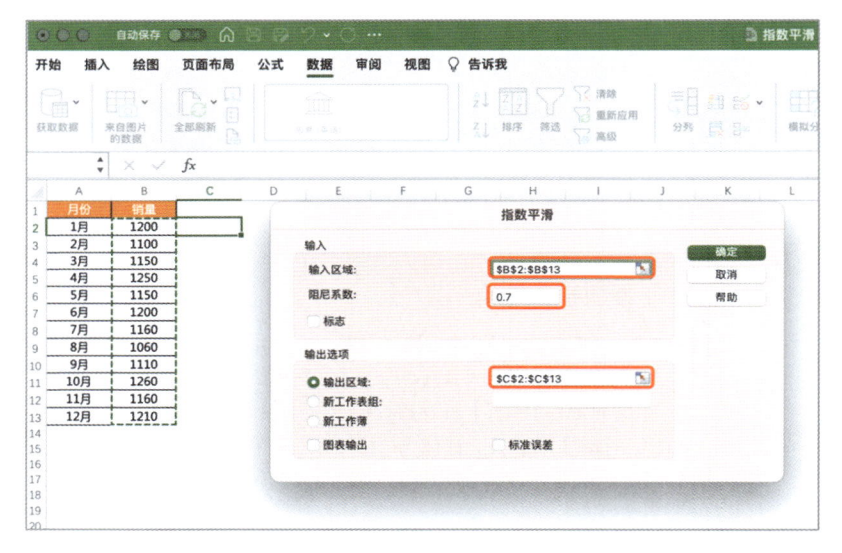

图 10-4

最后得到如图 10-5 所示结果。

图 10-5

Python 实现

我们以 1 至 12 月的销量数据为例，看一下如何在 Python 中实现指数平滑法，具体实现代码如下。

```
import pandas as pd
from statsmodels.tsa.api import ExponentialSmoothing
df = pd.DataFrame({'月份':[str(i)+'月' for i in range(1,13)]
                ,'销量':[1200,1100,1150,1250,1150,1200,1160,1060,1110,1260,1160,1210]})

mod = SimpleExpSmoothing(df['销量'], initialization_method = "known",initial_level = 1200)
res = mod.fit(smoothing_level = 0.3,optimized = False)
res.summary()
```

上述代码中，initial_level 就是第 1 期的预测值，即 F_1，我们这里让其等于第 1 期的实际值，smoothing_level 表示每一期的权重，即 α 值，运行上面代码得到如图 10-6 所示结果。

图 10-6

我们也可以将每一期的预测值打印出来，具体代码如下。

```
#start 表示开始的期数，end 表示结束的期
res.predict(start = 1,end = 11)
```

运行上面代码得到如下结果。

```
1    1200.000000
2    1170.000000
3    1164.000000
4    1189.800000
5    1177.860000
6    1184.502000
```

```
7     1177.151400
8     1142.005980
9     1132.404186
10    1170.682930
11    1167.478051
dtype: float64
```

我们也可以不指定初始值和权重值,全部交给模型自己去探索合适的值,具体实现代码如下。

```
from statsmodels.tsa.api import ExponentialSmoothing
mod = SimpleExpSmoothing(df['销量'], initialization_method = "estimated")
res = mod.fit()
res.summary()
```

上述代码中,initialization_method 表示初始化参数的方法,当其参数值为 estimated 时,表示让模型去探索初始值和权重值,此时的初始值为全部实际数据的平均值,权重值为模型求解出来的,具体结果如图 10-7 所示。

	SimpleExpSmoothing Model Results		
Dep. Variable:	销量	No. Observations:	12
Model:	SimpleExpSmoothing	SSE	39425.001
Optimized:	True	AIC	101.167
Trend:	None	BIC	102.137
Seasonal:	None	AICC	106.881
Seasonal Periods:	None	Date:	Mon, 02 May 2022
Box-Cox:	False	Time:	08:43:12
Box-Cox Coeff.:	None		

	coeff	code	optimized
smoothing_level	1.4901e-08	alpha	True
initial_level	1167.5000	l.0	True

图 10-7

10.3 时间序列预测模型

10.2 节介绍了对历史数据进行简单运算作为预测值,本节讲一些用时间序列模型来预测的方法。

10.3.1 AR 模型

理论讲解

先介绍第一个 AR(Auto Regression,自回归)模型,我们前面介绍过普通的回归方程,都是用 x 去回归 y,在普通的回归方程里,x 和 y 一般不是同一个变量。而这里的自回归就是用自己回归自己，也就是 x 和 y 都是时间序列这一个变量。具体的模型如下：

$$X_t = \phi_0 + \phi_1 X_{t-1} + \phi_2 X_{t-2} + \cdots + \phi_p X_{t-p} + \epsilon$$

上面模型中，X_t 表示第 t 期的值，当期的值由前 p 期的值来决定，ϕ_0 值是常数项，相当于普通回归中的截距项，ϵ 是随机误差，因为当期值总有一些因素是我们没考虑进去的，而这些因素带来的当期值的改变，我们就把它归到 ϵ 部分中。

AR 模型与我们前面讲过的加权平均法的区别就是多了常数项和误差项。

Excel 实现

在 Excel 中暂且没有可以直接实现 AR、MA、ARMA、ARIMA 这 4 种模型的方法，主要给大家演示用 Python 如何实现。

Python 实现

AR 模型、MA 模型、ARMA 模型、ARIMA 模型在 Python 中的实现代码是一样的，只需要调整不同的参数值即可，AR 模型的具体实现代码如下。

```
import pandas as pd
from statsmodels.tsa.api import ARIMA

df = pd.DataFrame({'月份':[str(i)+'月' for i in range(1,13)]
                  ,'销量':[1200,1100,1150,1250,1150,1200,1160,1060,1110,1260,1160,1210]})

#order 对应 p,d,q
mod = ARIMA(endog = df['销量'], order = (3, 0, 0))
res = mod.fit()
res.summary()
```

上述代码中，主要是调整参数 order 的取值，该取值对应（p,d,q），AR 模型主要是调整 p 值，让其他等于 0 即可，运行上面代码得到如图 10-8 所示结果。读者需重点关注红框部分，const 是回归的截距项，ar.l1 是第 1 期的权重，ar.l2 是第 2 期的权重，ar.l3 是第 3 期的权重，sigma2 是回归的随机误差。

也可以输出每一期的预测值，具体实现代码如下。

```
res.predict()
```

```
SARIMAX Results
Dep. Variable:              销量      No. Observations:     12
Model:              ARIMA(3, 0, 0)   Log Likelihood    -64.906
Date:              Mon, 02 May 2022  AIC               139.811
Time:                    09:16:57    BIC               142.236
Sample:                         0    HQIC              138.914
                              - 12
Covariance Type:              opg

            coef    std err      z    P>|z|    [0.025   0.975]
const   1166.2351   15.321   76.119   0.000   1136.206  1196.264
ar.L1     -0.1699    0.513   -0.331   0.740     -1.175    0.835
ar.L2     -0.3202    0.356   -0.900   0.368     -1.018    0.377
ar.L3     -0.1032    0.866   -0.119   0.905     -1.800    1.594
sigma2  2865.4517  2013.364    1.423   0.155  -1080.670 6811.573

Ljung-Box (L1) (Q):      0.08   Jarque-Bera (JB):   0.84
Prob(Q):                 0.77   Prob(JB):           0.66
Heteroskedasticity (H):  1.44   Skew:              -0.33
Prob(H) (two-sided):     0.73   Kurtosis:           1.88
```

图 10-8

10.3.2　MA 模型

理论讲解

MA（Moving Average，移动平均）的具体模型如下：

$$X_t = \phi_0 + u_t + \theta_1 u_{t-1} + \theta_2 u_{t-2} + \cdots + \theta_q u_{t-q}$$

上面模型中，X_t 表示第 t 期的值，当期的值由前 q 期的误差值来决定，ϕ_0 值是常数项，相当于普通回归中的截距项，u_t 是当期的随机误差。MA 模型的核心思想是每一期的随机误差都会影响当期值，把前 q 期的所有误差加起来就是对 t 期值的影响。

Python 实现

在 Python 中，MA 模型的具体实现代码如下。

```python
from statsmodels.tsa.api import ARIMA
mod = ARIMA(endog = df['销量'], order = (0, 0, 2))
res = mod.fit()
res.summary()
```

MA 模型主要是调整 order 参数中的 q 值，运行上面代码得到如图 10-9 所示结果。

```
                          SARIMAX Results
    Dep. Variable:           销量    No. Observations:    12
    Model:              ARIMA(0, 0, 2)  Log Likelihood   -63.532
    Date:            Mon, 02 May 2022   AIC              135.064
    Time:                   09:14:12   BIC              137.004
    Sample:                        0   HQIC             134.346
                              - 12
    Covariance Type:             opg

                coef    std err      z     P>|z|    [0.025    0.975]
    const    1164.6098    6.766  172.127   0.000   1151.349  1177.871
    ma.L1      -0.4671  101.940   -0.005   0.996   -200.266   199.332
    ma.L2      -0.5319   54.477   -0.010   0.992   -107.306   106.242
    sigma2   1952.6075 1.99e+05    0.010   0.992   -3.89e+05  3.93e+05

    Ljung-Box (L1) (Q):       0.07    Jarque-Bera (JB):   0.99
    Prob(Q):                  0.80    Prob(JB):           0.61
    Heteroskedasticity (H):   1.43    Skew:              -0.30
    Prob(H) (two-sided):      0.74    Kurtosis:           1.73
```

图 10-9

上述结果，const 是回归的截距项，ma.l1 是第 1 期的权重，ma.l2 是第 2 期的权重，ar.l3 是第 3 期的权重，sigma2 是回归的随机误差。

10.3.3 ARMA 模型

理论讲解

ARMA 模型其实就是把 AR 和 MA 两个模型进行合并，就是认为第 t 期值不仅与前 p 期的 x 值有关，而且还与前 q 期对应的每一期的误差有关，这两部分共同决定了目前第 t 期的值，具体的模型如下：

$$X_t = \phi_0 + \phi_1 X_{t-1} + \phi_2 X_{t-2} + \cdots + \phi_p X_{t-p} + u_t + \theta_1 u_{t-1} + \theta_2 u_{t-2} + \cdots + \theta_q u_{t-q}$$

Python 实现

在 Python 中，ARMA 模型的具体实现代码如下。

```python
from statsmodels.tsa.api import ARIMA
mod = ARIMA(endog = df['销量'], order = (3, 0, 2))
res = mod.fit()
res.summary()
```

ARMA 模型是同时调整 order 参数中的 p 值和 q 值，运行上面代码得到如图 10-10 所示结果。

```
                               SARIMAX Results
==========================================================================
Dep. Variable:                  销量   No. Observations:               12
Model:                  ARIMA(3, 0, 2)  Log Likelihood             -63.384
Date:               Mon, 02 May 2022   AIC                        140.768
Time:                        09:14:20  BIC                        144.162
Sample:                            0   HQIC                       139.511
                                - 12
Covariance Type:                 opg
==========================================================================
              coef    std err       z     P>|z|     [0.025    0.975]
--------------------------------------------------------------------------
const      1163.8057    4.370   266.339   0.000   1155.241   1172.370
ar.L1        -0.5807   25.391    -0.023   0.982    -50.347     49.185
ar.L2         0.0830    9.859     0.008   0.993    -19.239     19.406
ar.L3        -0.3001    7.950    -0.038   0.970    -15.882     15.282
ma.L1        -0.0105   38.197    -0.000   1.000    -74.876     74.855
ma.L2        -0.9895   24.845    -0.040   0.968    -49.686     47.707
sigma2     1816.0269    0.008  2.41e+05   0.000   1816.012   1816.042
==========================================================================
Ljung-Box (L1) (Q):              0.09   Jarque-Bera (JB):         1.05
Prob(Q):                         0.77   Prob(JB):                 0.59
Heteroskedasticity (H):          1.31   Skew:                    -0.22
Prob(H) (two-sided):             0.80   Kurtosis:                 1.62
```

图 10-10

ARMA 模型的结果其实就是 AR 模型与 MA 模型结果的合并。

10.3.4 ARIMA 模型

理论讲解

ARIMA 模型是在 ARMA 模型的基础上进行改造的，ARMA 模型是直接针对 t 期值进行建模的，ARIMA 是针对 t 期与 $t-d$ 期之间的差值进行建模的，我们把这种不同期之间作差称为差分，这里的 d 是几就是几阶差分。

ARIMA 的具体模型如下：

$$w_t = \phi_1 w_{t-1} + \phi_2 w_{t-2} + \cdots + \phi_p w_{t-p} + u_t + \theta_1 u_{t-1} + \theta_2 u_{t-2} + \cdots + \theta_q u_{t-q}$$

上面公式中的 w_t 表示第 t 期经过 d 阶差分以后的结果。我们可以看到，ARIMA 模型的形式与 ARMA 的形式基本是一致的，只不过把 X 换成了 w。

当数据是平稳时间序列时可以使用前面的 AR、MA、ARMA 模型；当数据是非平稳时间序列时，可以使用 ARIMA 模型，通过差分的方式将非平稳时间序列转化为平稳时间序列。

Python 实现

在 Python 中，ARMA 模型的具体实现代码如下。

```python
from statsmodels.tsa.api import ARIMA
mod = ARIMA(endog = df['销量'], order = (3, 1, 2))
```

```
res = mod.fit()
res.summary()
```

ARIMA 模型是同时调整 order 参数中的 p、d、q 值，运行上面代码得到如图 10-11 所示结果。

图 10-11

10.4 时间序列分解预测

理论讲解

一个时间序列的表现受多方面因素的影响，而时间序列的分解就是将一个完整的时间序列拆分成不同的组成部分，并根据分解结果对数据进行预测。

根据经验可得，一个时间序列可以分为：长期趋势（T）、季节因素（S）、循环因素（C）、不规则因素（I）4 个部分。

我们以每个月销量这个时间序列为例，看一下这个时间序列中对应的这 4 个部分分别是什么？

今年销量比往年销量的整体是增加的还是降低的，这个就是长期趋势，就是长期来讲是上涨的还是下跌的；销量一般都会有淡旺季之分，比如天气不好的时候，打车的人就会变多，天气好的时候，打车的人就会变少，这个因素就是季节因素；与淡旺季类似的还有一个因素是循环因素，淡旺季是针对一年内的数据而言的，而循环因素是针对不同年份之间的，比如股市的熊市和牛市。前面这 3 个都是已知的一些因素，实际中总是会有一些其他我们所不知道的因素，但是又确实影响着销量的实际情况，我们把这种因素称为不规则因素。

影响时间序列表现的有这4个因素，那我们应该如何把这4个因素组合起来呢？有两种组合方式：

加法模型：$Y = T + S + C + I$
乘法模型：$Y = T \times S \times C \times I$

如果各个因素之间对 Y 值的影响是相互独立的，那么就用加法模型，反之则需要使用乘法模型。

接下来，我们看一下这几个因素分别如何求取。

Step1：首先通过移动平均法求出 TC 值，即长期趋势和循环因素两部分。

Step2：对 TC 值利用模型（线性、二次项、指数、对数、多项式等）进行拟合，得到的拟合值就是 T。

Step3：用 TC 值除以 T 值就可得到循环分量 C 值。

Step4：用序列值 Y 除以 TC 值，即可得到 SI，即季节因素+不规则因素。

Step5：SI 中的 I 值为随机波动的，对每个季度的 SI 求平均值就可以把 I 值的影响消除掉，再用平均值除以总的 SI 平均值，就得到了各季节指数。

在实际应用中，上面的几个因素不一定同时存在，需要根据实际情况来进行判断。

接下来，以 2015—2019 年各个季度的 GDP 值为例，进行时间序列各因素的拆分，表 10-4 所示为各个季度的绝对值。

表 10-4

季　　度	GDP（亿元）
2015 年第 1 季度	150,594
2015 年第 2 季度	167,874
2015 年第 3 季度	175,804
2015 年第 4 季度	191,721
2016 年第 1 季度	160,967
2016 年第 2 季度	179,879
2016 年第 3 季度	189,338
2016 年第 4 季度	209,877
2017 年第 1 季度	179,403
2017 年第 2 季度	199,178
2017 年第 3 季度	209,824
2017 年第 4 季度	232,349

续表

季　度	GDP（亿元）
2018 年第 1 季度	197,920
2018 年第 2 季度	219,295
2018 年第 3 季度	229,496
2018 年第 4 季度	253,599
2019 年第 1 季度	213,433
2019 年第 2 季度	237,500
2019 年第 3 季度	246,865
2019 年第 4 季度	293,067

将表格数据进行可视化得到如图 10-12 所示图形，各个季度 GDP 的长期趋势情况。

图 10-12

先进行第一步，求移动平均值，因为我们的数据有严格的季节性，所以选取 4 期移动平均，得到如表 10-5 所示结果。

表 10-5

季　度	GDP（亿元）	移动平均（TC 值）
2015 年第 1 季度	150,594	—
2015 年第 2 季度	167,874	—
2015 年第 3 季度	175,804	—
2015 年第 4 季度	191,721	171,498
2016 年第 1 季度	160,967	174,092
2016 年第 2 季度	179,879	177,093
2016 年第 3 季度	189,338	180,476

续表

季　　度	GDP（亿元）	移动平均（TC 值）
2016 年第 4 季度	209,877	185,015
2017 年第 1 季度	179,403	189,624
2017 年第 2 季度	199,178	194,449
2017 年第 3 季度	209,824	199,571
2017 年第 4 季度	232,349	205,189
2018 年第 1 季度	197,920	209,818
2018 年第 2 季度	219,295	214,847
2018 年第 3 季度	229,496	219,765
2018 年第 4 季度	253,599	225,078
2019 年第 1 季度	213,433	228,956
2019 年第 2 季度	237,500	233,507
2019 年第 3 季度	246,865	237,849
2019 年第 4 季度	293,067	247,716

第二步，根据求出来的移动平均值，拟合回归方程，因为看趋势像线性趋势，所以直接选择线性方程进行拟合，得到如图 10-13 所示结果。

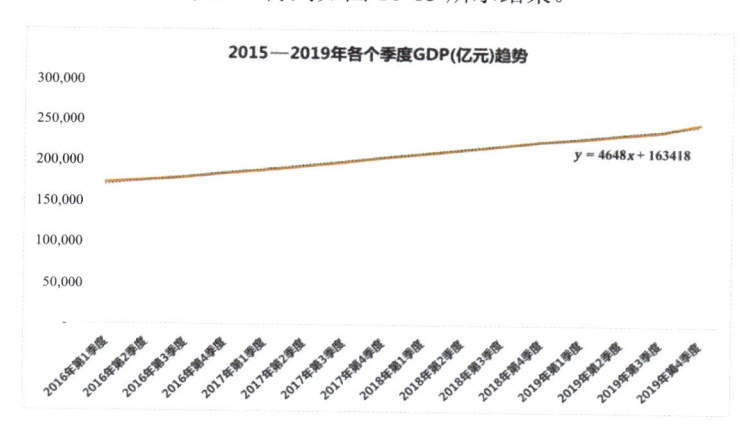

图 10-13

根据拟合出来的线性模型求取每个季度的值，得到如表 10-6 所示结果。

表 10-6

季　　度	GDP（亿元）	移动平均值（TC）	趋势值（T）
2015 年第 1 季度	150,594	—	—
2015 年第 2 季度	167,874	—	—

续表

季　　度	GDP（亿元）	移动平均值（TC）	趋势值（T）
2015 年第 3 季度	175,804	—	—
2015 年第 4 季度	191,721	171,498	168,066
2016 年第 1 季度	160,967	174,092	172,714
2016 年第 2 季度	179,879	177,093	177,362
2016 年第 3 季度	189,338	180,476	182,010
2016 年第 4 季度	209,877	185,015	186,658
2017 年第 1 季度	179,403	189,624	191,306
2017 年第 2 季度	199,178	194,449	195,954
2017 年第 3 季度	209,824	199,571	200,602
2017 年第 4 季度	232,349	205,189	205,250
2018 年第 1 季度	197,920	209,818	209,898
2018 年第 2 季度	219,295	214,847	214,546
2018 年第 3 季度	229,496	219,765	219,194
2018 年第 4 季度	253,599	225,078	223,842
2019 年第 1 季度	213,433	228,956	228,490
2019 年第 2 季度	237,500	233,507	233,138
2019 年第 3 季度	246,865	237,849	237,786
2019 年第 4 季度	293,067	247,716	242,434

第三步，用 TC 值除以 T 值就可得到循环分量 C 值，具体如表 10-7 所示。

表 10-7

季　　度	GDP（亿元）	移动平均值（TC）	趋势值（T）	C（TC/T）
2015 年第 1 季度	150,594	—	—	—
2015 年第 2 季度	167,874	—	—	—
2015 年第 3 季度	175,804	—	—	—
2015 年第 4 季度	191,721	171,498	168,066	1.02
2016 年第 1 季度	160,967	174,092	172,714	1.01
2016 年第 2 季度	179,879	177,093	177,362	1.00
2016 年第 3 季度	189,338	180,476	182,010	0.99
2016 年第 4 季度	209,877	185,015	186,658	0.99
2017 年第 1 季度	179,403	189,624	191,306	0.99
2017 年第 2 季度	199,178	194,449	195,954	0.99
2017 年第 3 季度	209,824	199,571	200,602	0.99

续表

季　度	GDP（亿元）	移动平均值（TC）	趋势值（T）	C（TC/T）
2017 年第 4 季度	232,349	205,189	205,250	1.00
2018 年第 1 季度	197,920	209,818	209,898	1.00
2018 年第 2 季度	219,295	214,847	214,546	1.00
2018 年第 3 季度	229,496	219,765	219,194	1.00
2018 年第 4 季度	253,599	225,078	223,842	1.01
2019 年第 1 季度	213,433	228,956	228,490	1.00
2019 年第 2 季度	237,500	233,507	233,138	1.00
2019 年第 3 季度	246,865	237,849	237,786	1.00
2019 年第 4 季度	293,067	247,716	242,434	1.02

第四步，用序列值 Y 除以 TC 值得到 SI 值，具体如表 10-8 所示。

表 10-8

季　度	GDP（亿元）	移动平均值（TC）	趋势值（T）	循环值 C（TC/T）	SI（Y/TC）
2015 年第 1 季度	150,594	—	—	—	—
2015 年第 2 季度	167,874	—	—	—	—
2015 年第 3 季度	175,804	—	—	—	—
2015 年第 4 季度	191,721	171,498	168,066	1.02	1.12
2016 年第 1 季度	160,967	174,092	172,714	1.01	0.92
2016 年第 2 季度	179,879	177,093	177,362	1.00	1.02
2016 年第 3 季度	189,338	180,476	182,010	0.99	1.05
2016 年第 4 季度	209,877	185,015	186,658	0.99	1.13
2017 年第 1 季度	179,403	189,624	191,306	0.99	0.95
2017 年第 2 季度	199,178	194,449	195,954	0.99	1.02
2017 年第 3 季度	209,824	199,571	200,602	0.99	1.05
2017 年第 4 季度	232,349	205,189	205,250	1.00	1.13
2018 年第 1 季度	197,920	209,818	209,898	1.00	0.94
2018 年第 2 季度	219,295	214,847	214,546	1.00	1.02
2018 年第 3 季度	229,496	219,765	219,194	1.00	1.04
2018 年第 4 季度	253,599	225,078	223,842	1.01	1.13
2019 年第 1 季度	213,433	228,956	228,490	1.00	0.93
2019 年第 2 季度	237,500	233,507	233,138	1.00	1.02
2019 年第 3 季度	246,865	237,849	237,786	1.00	1.04
2019 年第 4 季度	293,067	247,716	242,434	1.02	1.18

第五步,求取季节因素 S 值,我们先将 GDP 按照分年度分季度的方式进行可视化,得到如图 10-14 所示图形。

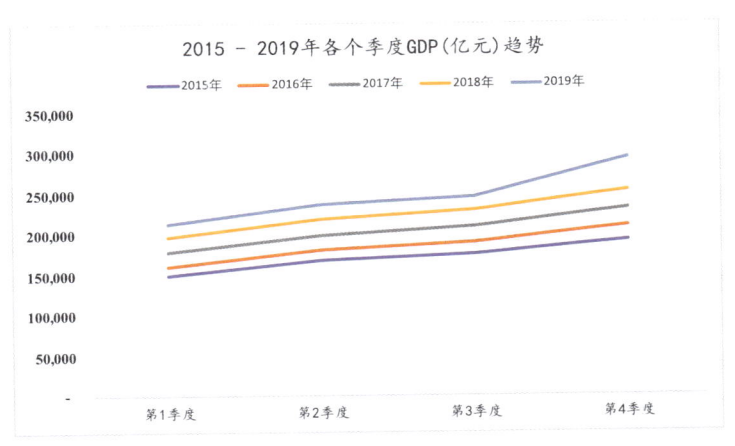

2015－2019年各个季度GDP（亿元）趋势

图 10-14

可以看到,每年的第一季度到第四季度都是稳定上升,接下来求取具体季节因素的大小,其实就是每个季节在全年中的占比情况,如表 10-9 所示。

$$第一季度因素 = \frac{所有第一季度SI平均值}{全部季度SI平均值} = \frac{0.94}{1.04} = 0.90$$

$$第二季度因素 = \frac{所有第二季度SI平均值}{全部季度SI平均值} = \frac{1.02}{1.04} = 0.98$$

$$第三季度因素 = \frac{所有第三季度SI平均值}{全部季度SI平均值} = \frac{1.05}{1.04} = 1.01$$

$$第四季度因素 = \frac{所有第四季度SI平均值}{全部季度SI平均值} = \frac{1.14}{1.04} = 1.10$$

表 10-9

季　　度	第 1 季度	第 2 季度	第 3 季度	第 4 季度
2015 年	—	—	—	1.12
2016 年	0.92	1.02	1.05	1.13
2017 年	0.95	1.02	1.05	1.13
2018 年	0.94	1.02	1.04	1.13
2019 年	0.93	1.02	1.04	1.18
平均值	0.94	1.02	1.05	1.14
季节指数（S）	0.90	0.98	1.01	1.10

第六步，用 SI 值除以 S 值，即可得到 I 值。

最后整体的结果如表 10-10 所示。

表 10-10

季　　度	GDP(亿元)	移动平均值(TC)	趋势值(T)	循环值C(TC/T)	SI 值(Y/TC)	S 值	I 值
2015 年第 1 季度	150,594	—	—	—	—	0.90	—
2015 年第 2 季度	167,874	—	—	—	—	0.98	—
2015 年第 3 季度	175,804	—	—	—	—	1.01	—
2015 年第 4 季度	191,721	171,498	168,066	1.02	1.12	1.10	1.02
2016 年第 1 季度	160,967	174,092	172,714	1.01	0.92	0.90	1.03
2016 年第 2 季度	179,879	177,093	177,362	1.00	1.02	0.98	1.04
2016 年第 3 季度	189,338	180,476	182,010	0.99	1.05	1.01	1.04
2016 年第 4 季度	209,877	185,015	186,658	0.99	1.13	1.10	1.03
2017 年第 1 季度	179,403	189,624	191,306	0.99	0.95	0.90	1.05
2017 年第 2 季度	199,178	194,449	195,954	0.99	1.02	0.98	1.05
2017 年第 3 季度	209,824	199,571	200,602	0.99	1.05	1.01	1.04
2017 年第 4 季度	232,349	205,189	205,250	1.00	1.13	1.10	1.03
2018 年第 1 季度	197,920	209,818	209,898	1.00	0.94	0.90	1.05
2018 年第 2 季度	219,295	214,847	214,546	1.00	1.02	0.98	1.04
2018 年第 3 季度	229,496	219,765	219,194	1.00	1.04	1.01	1.03
2018 年第 4 季度	253,599	225,078	223,842	1.01	1.13	1.10	1.02
2019 年第 1 季度	213,433	228,956	228,490	1.00	0.93	0.90	1.04
2019 年第 2 季度	237,500	233,507	233,138	1.00	1.02	0.98	1.04
2019 年第 3 季度	246,865	237,849	237,786	1.00	1.04	1.01	1.03
2019 年第 4 季度	293,067	247,716	242,434	1.02	1.18	1.10	1.08

不可以用移动平均进行预测了，因为 C 值不一样，我们进行省略，主要用趋势值。

接下来，对 2020 年各个季度的 GDP 做了一个预测，每个季度的预测值等于该季度对应的 TCS，因为每个值对应的 I 不相同，所以就没放进来，当然也可以对过去不同季度的 I 值取均值放进来。首先通过移动平均法算出 2020 年各个季度的 TC 值，然后再乘各个季度的 S 值即可。得到 2020 年各个季度的预测值，如表 10-11 所示。

表 10-11

季　　度	预测 GDP(亿元)	T 值	S 值
2020 年第 1 季度	222,374	247,082	0.90

续表

季　　度	预测 GDP(亿元)	T 值	S 值
2020 年第 2 季度	246,695	251,730	0.98
2020 年第 3 季度	258,942	256,378	1.01
2020 年第 4 季度	287,129	261,026	1.10

将预测 GDP（红线加粗部分）与历史 GDP 绘制成长期趋势，如图 10-15 所示。

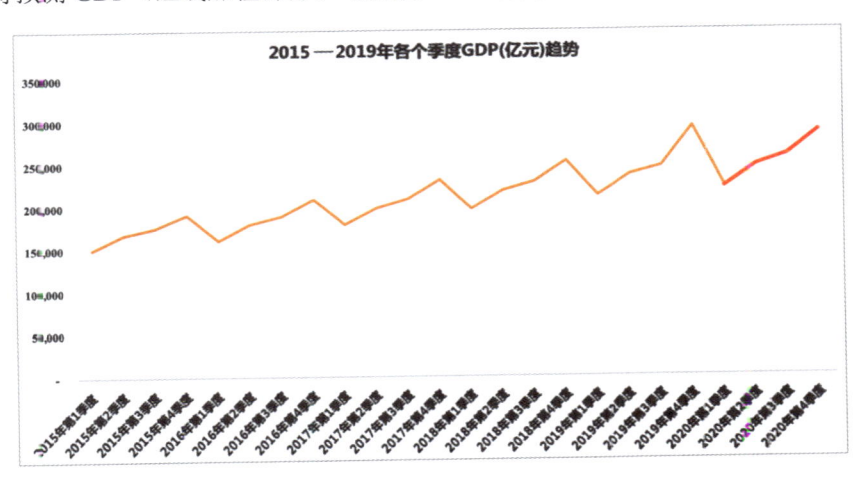

图 10-15

Excel 实现

在 Excel 中要实现时间序列的分解，需要将上述的每一步在 Excel 中实现，在理论讲解部分的结果就是用 Excel 生成的，比较简单，具体计算过程就不展开了。

Python 实现

在 Python 中实现时间序列分解的具体实现代码如下。

```python
import pandas as pd
import numpy as np
from statsmodels.tsa.seasonal import seasonal_decompose

df = pd.read_excel('/Users/zhangjunhong/Desktop/share/excel-python 统计学/回归分析/各季度GDP值.xlsx')
df.index = pd.date_range(start='2015/01/01', end='2020/01/01',freq = 'Q')
df.drop(columns = '季度',inplace = True)

model = seasonal_decompose(x = df['GDP(亿元)'],model = 'multiplicative'
                    ,period = 4,filt = np.repeat(1.0 / 4, 4),two_sided = False)

result_df = pd.DataFrame({'Y':model.observed
```

```
                        ,'T':model.trend
                        ,'S':model.seasonal
                        ,'I':model.resid})
result_df
```

上述代码中，seasonal_decompose 函数的 model 参数表示模型是加法模型还是乘法模型，参数值 multiplicative 表示乘法模型，参数值 additive 表示加法模型；period 参数表示移动平均的周期数；filt 参数表示移动平均里各项的权重，选择不加权，也就是各项的权重是一样的，每一项的权重为 1 / period；two_sided 参数用于指定移动平均的方式。运行上面代码得到如图 10-16 所示结果。

	Y	T	S	I
2015-03-31	150594.0	NaN	0.904755	NaN
2015-06-30	167874.0	NaN	0.984853	NaN
2015-09-30	175804.0	NaN	1.010166	NaN
2015-12-31	191721.0	171498.25	1.100226	1.016080
2016-03-31	160967.0	174091.50	0.904755	1.021946
2016-06-30	179879.0	177092.75	0.984853	1.031355
2016-09-30	189338.0	180476.25	1.010166	1.038545
2016-12-31	209877.0	185015.25	1.100226	1.031040
2017-03-31	179403.0	189624.25	0.904755	1.045694
2017-06-30	199178.0	194449.00	0.984853	1.040074
2017-09-30	209824.0	199570.50	1.010166	1.040798
2017-12-31	232349.0	205188.50	1.100226	1.029215
2018-03-31	197920.0	209817.75	0.904755	1.042597
2018-06-30	219295.0	214847.00	0.984853	1.036401
2018-09-30	229496.0	219765.00	1.010166	1.033770
2018-12-31	253599.0	225077.50	1.100226	1.024079
2019-03-31	213433.0	228955.75	0.904755	1.030336
2019-06-30	237500.0	233507.00	0.984853	1.032743
2019-09-30	246865.0	237849.25	1.010166	1.027461
2019-12-31	293067.0	247716.25	1.100226	1.075302

图 10-16

需要注意的是，Python 中的时间序列模型只考虑了 T、S、I 三项，T 是通过移动平均得到的，和我们前面的 TC 值是一样的，S 值和 I 值与我们前面计算出来的值也是一样的。

我们也可以将上述几个因素用可视化的形式表现出来，具体实现代码如下。

```
model.plot()
```

运行上面代码会得到如图 10-17 所示结果。

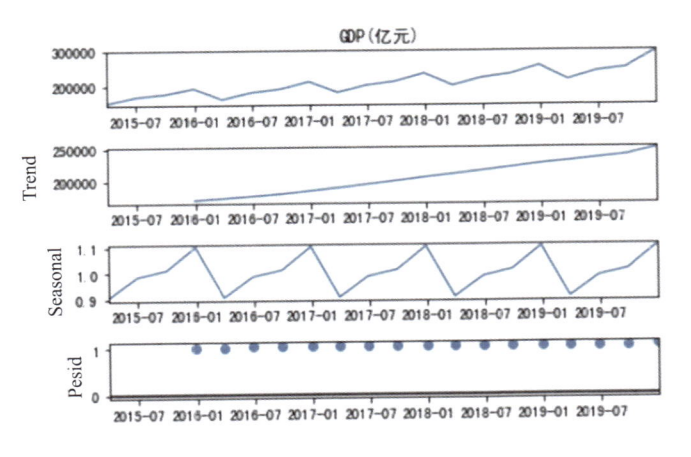

图 10-17

10.5 趋势时间序列预测

趋势时间序列是指时间序列明显符合某种趋势，而这种趋势又符合某种函数表现，这时就可以用历史数据拟合这个函数，得到具体的函数以后，就可以利用函数预测时间序列未来的表现情况。

10.5.1 线性趋势预测

理论讲解

线性趋势是指时间序列的趋势是线性的，即随着时间的推移，时间序列呈现线性变化。线性趋势时间序列模型如下：

$$y_t = \beta_0 + \beta_1 t$$

t 代表时间，y_t 表示时间 t 对应的预测值，β_0 是截距项。这个模型其实就是我们前面学过的一元线性回归模型，β_0 和 β_1 的求取也采用最小二乘法。

Excel 实现

在 Excel 中进行线性趋势预测时可以按照前面回归部分的内容，建立回归方程，求解得到回归方程的系数，也可以先对数据进行可视化，然后添加趋势线，在趋势线选项中根据趋势类型选择不同的趋势。

先对 Y 绘制折线图，选中折线，鼠标右击，在弹出的右键菜单中选择"添加趋势线"，具体如图 10-18 所示。

在趋势线格式部分可以根据折线的趋势类型选择适合的趋势，具体如图 10-19 所示。

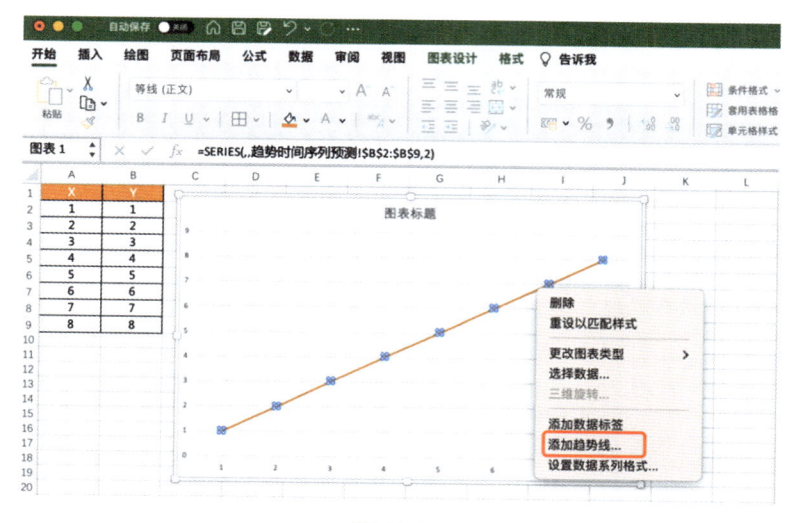

图 10-18

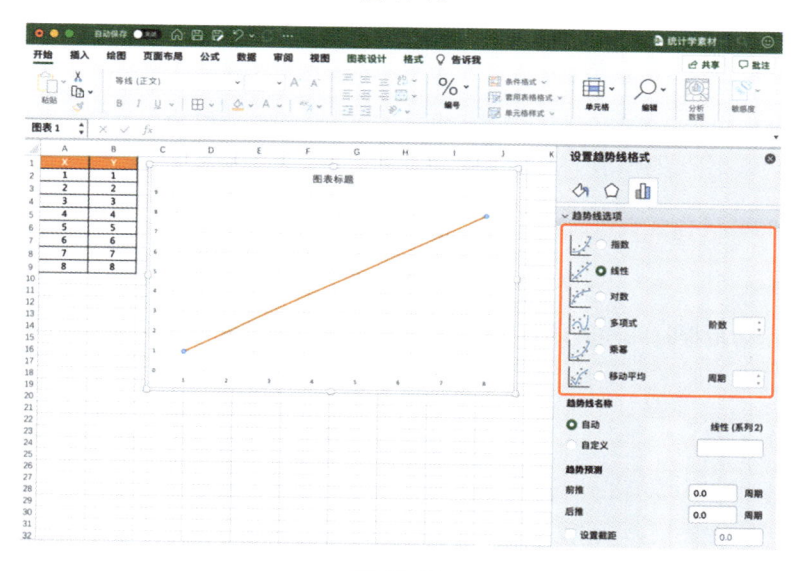

图 10-19

Python 实现

在 Python 中,线性趋势预测的实现代码和前面学的线性回归是一样的,具体实现代码如下:

```
import pandas as pd
from statsmodels.formula.api import ols

df = pd.DataFrame({'x':[1,2,3,4,5,6,7,8]
            ,'y':[1,2,3,4,5,6,7,8]})
```

```
results = ols('y ~ x',data = df).fit()
results.summary()
```

10.5.2 指数趋势预测

理论讲解

指数趋势是指时间序列的趋势是指数型的，即随着时间的推移，时间序列呈现指数级变化。指数趋势时间序列模型如下：

$$y_t = \beta_0 \beta_1^t$$

t 代表时间，y_t 表示时间 t 对应的预测值，β_0 是截距项。

指数模型系数的求取方法是先将指数模型线性化，然后利用线性回归模型进行求取。指数模型线性化的过程如下。

方程左右两边同时取对数，可得：

$$\ln y_t = \ln(\beta_0 \beta_1^t) = \ln\beta_0 + \ln\beta_1^t = \ln\beta_0 + t\ln\beta_1$$

令 $\ln y_t = y_t^*$，$\ln\beta_0 = \beta_0^*$，$\ln\beta_1 = \beta_1^*$，则上式就变成了线性回归方程，系数的求解也用最小二乘法：

$$y_t^* = \beta_0^* + \beta_1^* t$$

需要注意的是，在求解得到 β_0^* 和 β_1^* 以后，需要再通过求反对数得到 β_0 和 β_1 值。

$$\beta_0 = e^{\beta_0^*}$$
$$\beta_1 = e^{\beta_1^*}$$

Excel 实现

在 Excel 中进行指数趋势预测时与进行线性预测的方式基本是一样的，可以建立回归方程求解回归方程的系数，也可以通过可视化添加趋势线。

Python 实现

在 Python 中指数趋势预测的实现代码大体上和线性回归是一样的，多的一步是需要先对 y 取对数，再去拟合，具体实现代码如下。

```
import pandas as pd
import numpy as np
from statsmodels.formula.api import ols

df = pd.DataFrame({'x':[1,2,3,4,5,6,7,8]
                  ,'y':[2,4,8,16,32,64,128,256]})

results = ols('np.log(y) ~ x',data = df).fit()
```

```
results.summary()
```

运行上面代码得到如图 10-20 所示结果。

```
OLS Regression Results
Dep. Variable:          np.log(y)      R-squared:           1.000
Model:                        OLS      Adj. R-squared:      1.000
Method:             Least Squares      F-statistic:     6.798e+30
Date:            Mon, 02 May 2022      Prob (F-statistic): 2.15e-91
Time:                    16:03:01      Log-Likelihood:     261.76
No. Observations:               8      AIC:                 -519.5
Df Residuals:                   6      BIC:                 -519.4
Df Model:                       1
Covariance Type:        nonrobust

              coef     std err         t      P>|t|     [0.025    0.975]
Intercept  4.441e-16  1.34e-15     0.331    0.752    -2.84e-15  3.73e-15
x             0.6931  2.66e-16  2.61e+15    0.000        0.693     0.693

Omnibus:         1.144    Durbin-Watson:     0.219
Prob(Omnibus):   0.564    Jarque-Bera (JB):  0.810
Skew:            0.577    Prob(JB):          0.667
Kurtosis:        1.952    Cond. No.          11.5
```

图 10-20

上面结果中的截距项 Intercept 值和 x 的系数值分别对应 β_0^* 和 β_1^*，我们还需要转换成 β_0 和 β_1，具体的转换代码如下。

```
from math import e
beta_0 = np.power(e,results.params[0])
beta_1 = np.power(e,results.params[1])
beta_0,beta_1
```

我们也可以把数据 y 的趋势通过可视化的形式表示出来，具体实现代码如下。

```
df['y'].plot(color = '#FF6100')
```

可视化结果如图 10-21 所示，可以看到是比较完美的指数型。

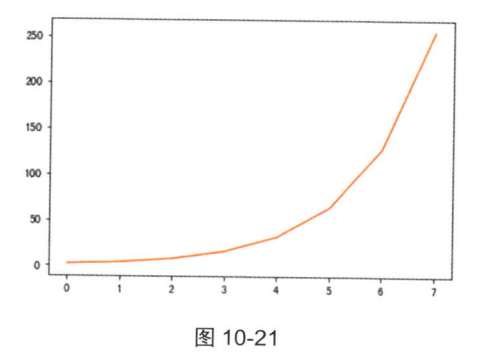

图 10-21

10.5.3 对数趋势预测

理论讲解

对数趋势是指时间序列的趋势是对数型的，即随着时间的推移 时间序列呈现对数变化。对数趋势时间序列模型如下：

$$y_t = \beta_0 + \beta_1 \log_a t$$

对数的底 a 一般取值为 e，所以对数时间序列模型可以写为：

$$y_t = \beta_0 + \beta_1 \ln t$$

t 代表时间，y_t 表示时间 t 对应的预测值，β_0 是截距项。

Excel 实现

在 Excel 中进行对数趋势预测时与进行线性预测的方式基本是一样的，可以建立回归方程求解回归方程的系数，也可以通过可视化添加趋势线。

Python 实现

在 Python 中，对数趋势的预测是与指数趋势的预测类似，指数趋势是先对 y 进行取对数，对数趋势是先对 x 进行取对数，再去进行拟合，具体实现代码如下。

```
import pandas as pd
import numpy as np
from statsmodels.formula.api import ols

df = pd.DataFrame({'x':range(1,20)
            ,'y':[np.log(i) for i in range(1,20)]})

results = ols('y ~ np.log(x)',data = df).fit()
results.summary()
```

运行上面代码得到如图 10-22 所示结果。

上面结果是不需要进行再次转换的，截距项 Intercept 值就是 β_0，np.log(x) 的系数值就是 β_1。

我们也可以把数据 y 的趋势通过可视化的形式表示出来，具体实现代码如下。

```
df['y'].plot(color = '#FF6100')
```

可视化结果如图 10-23 所示，可以看到是比较完美的对数型。

```
                            OLS Regression Results
==============================================================================
Dep. Variable:                      y   R-squared:                       1.000
Model:                            OLS   Adj. R-squared:                  1.000
Method:                 Least Squares   F-statistic:                 4.905e+32
Date:                Mon, 02 May 2022   Prob (F-statistic):           7.39e-269
Time:                        16:13:23   Log-Likelihood:                 665.79
No. Observations:                  19   AIC:                            -1328.
Df Residuals:                      17   BIC:                            -1326.
Df Model:                           1
Covariance Type:            nonrobust
==============================================================================
                 coef    std err          t      P>|t|      [0.025      0.975]
------------------------------------------------------------------------------
Intercept    4.441e-16     1e-16      4.441      0.000    2.33e-16    6.55e-16
np.log(x)       1.0000   4.52e-17   2.21e+16     0.000       1.000       1.000
==============================================================================
Omnibus:                       15.017   Durbin-Watson:                   0.182
Prob(Omnibus):                  0.001   Jarque-Bera (JB):               13.090
Skew:                          -1.810   Prob(JB):                      0.00144
Kurtosis:                       4.853   Cond. No.                         7.38
==============================================================================
```

图 10-22

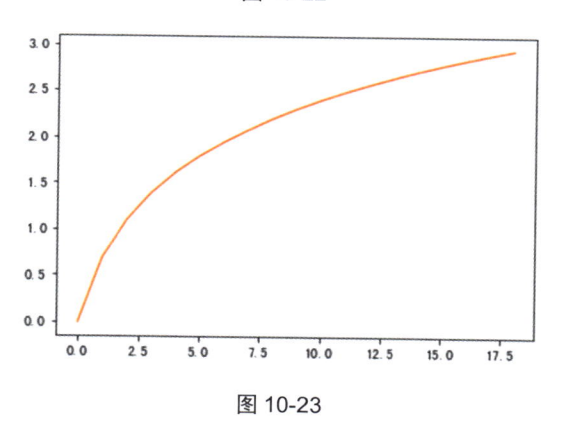

图 10-23